Swisstory

Die verblüffende, blutige und ganz und gar wahre Geschichte der Schweiz

Laurie Theurer
Illustriert von Michael Meister

Aus dem Englischen
von Gerlinde Schermer-Rauwolf und Robert A. Weiss, Kollektiv Druck-Reif

Für Gerd, Marlow und Savannah …
meine liebste Schweizer Geschichte.

–LT

Für meine (und alle anderen) Kinder, die die Geschichte
unserer Zukunft gestalten werden.

–MM

Bergli Books wird vom Bundesamt für Kultur mit einem Strukturbeitrag für die Jahre 2019–2020 unterstützt.

Dieses Buch erscheint gleichzeitig auf Englisch unter dem Titel
Swisstory: The Untold, Bloody, and Absolutely Real History of Switzerland
(ISBN 978-3-03869-082-5).

© 2019 Bergli Books, Schwabe Verlagsgruppe AG. Alle Rechte vorbehalten.
© Text: Laurie Theurer
© Illustrationen: Michael Meister

Übersetzung: Gerlinde Schermer-Rauwolf, Robert A. Weiss
Lektorat: Satu Binggeli
Umschlag: Melanie Beugger
Umschlagsillustration: Michael Meister
Gestaltung, Satz: Michael Meister und Melanie Beugger
Druck, Einband: FINIDR, s.r.o.

Printed in the Czech Republic.

ISBN Print 978-3-03869-083-2
ISBN EPUB 978-3-03869-088-7
ISBN MOBI 978-3-03869-087-8

www.bergli.ch
Bergli Books ist ein Imprint der Schwabe Verlagsgruppe AG.

Inhaltsverzeichnis

1. Vom Höhlenmenschen zum Helvetier 6
2. Vom Tuten und Blasen: das Alphorn 16
3. Die grässlichen, habgierigen Habsburger 25
4. Wilhelm Tell – der Held, den es niemals gab 38
5. Der Rütlischwur 50
6. Die Schweizer gegen die Bösewichte 64
7. Von Aggression zu bewaffneter Neutralität 81
8. Teuer, aber tödlich: Die Schweizer Söldner 93
9. Mahlzeit! Die Schweizer Lebensmittelschlachten 106
10. Kein Herz für Hexen 118
11. Napoleon 130
12. Direkte Demokratie 140
13. Sprachenwirrwarr 154
14. Die schaffige Schweizer Industrie 163
15. Der Berg ruft – Das Goldene Zeitalter des Alpinismus 179
16. Der Zweite Weltkrieg 193
17. Tolle Schweizer Frauen 213
18. Kriminelle Kühe 231
19. Verdingkinder 244
20. Tolle Schweizer Erfindungen 253
    Ende 269
    Dank 270

Swisstory

Vom Höhlenmenschen

Der prähistorische Schweizer

Zwischen 120000 und 10000 vor Christus – ein paar Wochen hin oder her – war die ganze Schweiz von Gletschern bedeckt, also von dicken Eis- und Schneeschichten. Man schätzt, dass das Eis bei Luzern eine Dicke von ungefähr einem Kilometer hatte ... ziemlich frustrierend für jeden, der eine Bootsfahrt auf dem Vierwaldstättersee machen wollte.

Luzern im Sommer 88 000 v. Chr.

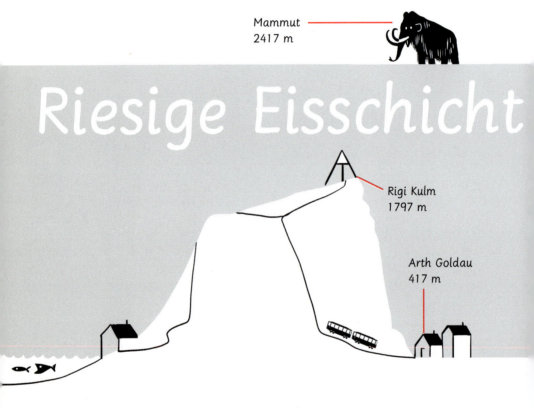

Und es war kalt. Richtig saukalt. Die meisten Menschen und Tiere waren in wärmere Regionen abgewandert, aber ein paar blieben da.

Vor ca. 5000 v. Chr. gab es zwei Sorten von Höhlenmenschen: die Neandertaler und die Cromagnonmenschen. Beide Arten passten sich an das raue Klima an, doch mit unterschiedlichem Erfolg: Der Cromagnon überlebte, während die Neandertaler ausstarben.

Der Cromagnonmensch (oben) ist dem Neandertaler (unten) geistig überlegen

Als etwa ab 20 000 v. Chr. die Temperaturen in Europa stiegen, wurde es auch im Gebiet der heutigen Schweiz wärmer. Es entstanden riesige Wälder, und die schmelzenden Gletscher sorgten für jede Menge Bauland direkt am See.

Hier errichteten die Menschen Holzhäuser, die sie auf in den Boden gerammte Pfähle stellten, damit sie auch bei höheren Wasserständen keine nassen Füsse bekamen.

Immobilienmakler in der Pfahlbausiedlung

Die Bewohner der Pfahlbausiedlungen betrieben Landwirtschaft und hielten Rinder, Schweine und Schafe. Sie gingen aber auch jagen und angeln und sammelten Wildfrüchte und Kräuter ... wahrscheinlich in nahegelegenen Wäldern, die nicht unter Wasser standen.

Ausserdem waren sie geschickte Handwerker. Sie stellten Werkzeuge aus Holz und Stein her, fertigten Kleider und Schuhe aus Baumrinde und verarbeiteten Metalle, vor allem Kupfer und Bronze.

Zwischen 200 und 100 vor unserer Zeitrechnung drangen verschiedene keltische Stämme, darunter die Helvetier, in das Gebiet der heutigen Schweiz vor. Die Kelten verstanden sich auf die Verarbeitung von Eisen und schmiedeten daraus superstarke Lanzen und Schwerter, die nicht so schnell kaputtgingen wie die Bronzewaffen, die von allen anderen benutzt wurden.

Manche Historiker behaupten, sogar die Pferdewagen der Kelten seien denen der Griechen und Römer überlegen gewesen.

Die Helvetier ernten neidische Blicke

Tatsächlich besassen die Römer grossartige Pferdewagen – die sie aber vor allem als Triumphwagen bei Festlichkeiten einsetzten, nicht zur Kriegführung. Sie waren gross und schwer und für wendige Manöver ungeeignet. Hingegen bauten die Kelten eigens für den Kampf gedachte Streitwagen: leichte Gefährte aus Holz und Weidengeflecht mit stabilen, mit Eisen beschlagenen Rädern. Darum beneidete sie sogar der berühmte römische Staatsmann Julius Cäsar.

Um 200 v. Chr. dehnten die Römer ihr Reich rasant aus und wollten ihm auch grosse Teile der Schweiz einverleiben. Unter der Führung von Julius Cäsar wurden die Helvetier rasch besiegt, und für die nächsten rund 150 Jahre regierten die Römer das Land.

Sie bauten Städte, legten ein umfangreiches Strassennetz an und führten einen gewissen Luxus ein. In ihren Augen waren die Helvetier nur «Barbaren».

Doch wer waren die grösseren Barbaren?

Helvetier *Römer*

durch Kalkwasser steifes Haar — seidige Löckchen

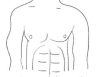 

echter Waschbrettbauch — metallener Waschbrettbauch

tranken unverdünnten Wein — verdünnten ihren Wein mit Wasser

stiessen Schlachtrufe aus — töteten ohne grosses Geschrei

keine unterschiedlichen gesellschaftlichen Stände — strenge gesellschaftliche Rangordnung

Aber nicht alles Römische war schlecht. Durch die Besatzer lernten die Helvetier Bäder, Fussbodenheizung, Töpferei, Glas, Fliesen, Ziegel, Wasserleitungen, Nägel, Katzen und Knoblauch kennen. Was täten wir heute ohne all diese Dinge?

Die Römer (oder die unter römischer Herrschaft lebenden Helvetier) gründeten auch die grössten der noch heute existierenden Städte der Schweiz, darunter Zürich *(Turicum)*, Basel *(Basilia)*, Lausanne *(Lousonna)* und Genf *(Genava)*.

Im 5. Jahrhundert zerbröckelte das römische Reich, aber nicht wegen einer verlorenen Schlacht oder dem Tod eines Königs. Es gab eine Menge Gründe dafür, die wir hier nicht alle behandeln wollen. Beschränken wir uns einfach auf die allerletzte Phase.

Odoaker (433–493 n. Chr.), auch Odowakar oder Odovakar genannt, war ein germanischer Barbar und kam um 470 nach Italien, wo er in der römischen Armee diente und es dort zu Macht und Ansehen brachte. Er stürzte im Jahr 476 Orestes, den Oberbefehlshaber des römischen Heers, und zwang ihn zur Flucht. Danach liess sich Odoaker von seinen Truppen als neuer König Roms ausrufen.

Der junge Odoaker entwickelt seinen allerersten Fünfjahresplan

Nun machte sich Odoaker daran, Kriege gegen seine Nachbarn zu führen und diese zu erobern. Bis er dem Ostgotenkönig Theoderich über den Weg lief. Der fackelte nicht lange. Im Jahr 493 hielt Theoderich ein Siegesbankett ab, zu dem er Odoaker einlud. Und Odoaker war dumm genug, hinzugehen. Theoderich brachte ihn während des zweiten Ganges eigenhändig um.

Zugegeben, wir wissen nicht genau, welcher Gang serviert wurde, als Odoaker getötet wurde. Möglicherweise Schlachtplatte oder Hack ... Wie auch immer: Es war nicht gerade clever von Odoaker, in so eine Falle zu tappen.

Zum Festmahl bei Theoderich

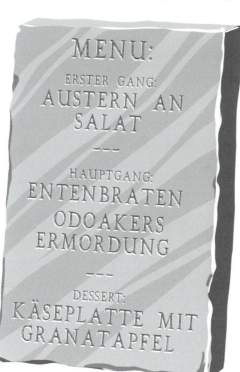

Die Königreiche der Barbaren (also der Franken, Alemannen, Vandalen, Hunnen, Goten und anderer) rangen nun um die Vormachtstellung in Europa, und im Zuge dessen wurde im Jahr 534 auch die Schweiz besetzt: im Westen von Burgundern und Franken, im Osten von Alemannen.

Ursprünglich stammten die Burgunder aus Dänemark, doch sie übernahmen mit der Zeit den Dialekt der Leute in der westlichen Schweiz, der später der französischsprachige Landesteil wurde. Dass der östliche Teil heute Deutsch spricht, geht wiederum auf die germanischsprachigen Alemannen zurück. Im Lauf der Jahrhunderte wurde die Trennlinie zwischen den beiden Sprachen und Kulturen immer auffälliger, weshalb man schliesslich (na ja, eintausend Jahre später …) den Begriff *Röstigraben* oder *rideau de rösti* dafür erfand. Rösti ist ein Gericht aus geraspelten Kartoffeln und wird bevorzugt in der deutschsprachigen Schweiz gegessen, im französischsprachigen Teil hingegen kaum.

Damals konnte das aber noch niemand ahnen, weil die Kartoffel erst im späten 16. Jahrhundert von Südamerika nach Europa kam.

Die Ankunft der Kartoffel in der Schweiz und die Entstehung des Röstigrabens

Gewichtige Unterschiede im Kartoffelsterben

Warum sich nicht der Begriff *Gratingraben* durchgesetzt hat, weiss niemand.

Übrigens gibt es auch einen *Polentagraben*, der den italienischsprachigen Süden der Schweiz von den französisch- und deutschsprachigen Landesteilen trennt. Hauptsache, man kann sich über die anderen lustig machen, nicht wahr?

Einer für alle, alle für einen!
Unus pro omnibus, omnes pro uno
(der inoffizielle Wahlspruch der Schweiz)

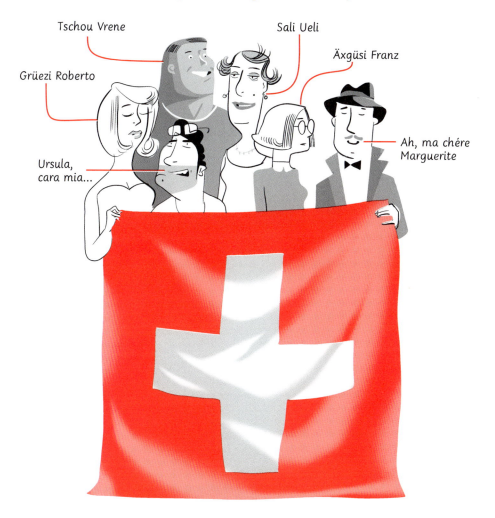

*V*om *T*uten und *B*lasen:
Alphorn für Anfänger

Taaa = «Kühe, kommt her!»

Taaa-taaa = «He, ihr anderen Senner, wollen wir uns auf ein Bier treffen? Bringt Bier mit!»

das *Alphorn*

Taaa-taaa-taaa = «Kommet zuhauf, wir ziehen in den Krieg!»

Taaa-taaa-taaa-taaa = «Hallo Mama, schick mehr Klopapier rauf!»

Was hat es also mit diesem Alphorn auf sich? Wer hat es erfunden? Und wozu? Sollte es ein misslungenes, fünf Kilo schweres Modeaccessoire werden? Wohl kaum.

Über die Jahrhunderte hinweg wurde das Alphorn zu vielerlei Zwecken benutzt. Da man es über eine Distanz von fünf Kilometer und noch weiter hören kann, diente es Sennern und Sennerinnen oft zur Verständigung untereinander – wie eine Art gigantisches Handy. Sie verwendeten es auch, um ihre Kühe zur Melkzeit von der Weide herbeizurufen, und manche spielten es sogar beim Melken. Anscheinend wirken Alphornklänge beruhigend und regen den Milchfluss an. Bei den Kühen, nicht bei den Sennerinnen.

Das Alphorn oder Alpenhorn ist ein unverwechselbares (und unüberhörbares) drei bis vier Meter langes Holzhorn, das ...

A: aussieht wie der grösste Seifenblasenpuster der Welt. Und je nachdem, wen man fragt, klingt es ENTWEDER ...
B: wie der Himmel auf Erden ODER
C: wie eine Kuh mit Verstopfung

Schon seit Jahrhunderten kamen Hörner im Krieg zum Einsatz. Trompeten, Tierhörner und andere Blasinstrumente riefen in beinahe allen Regionen der Welt die Soldaten zu den Waffen. So auch in der Schweiz, allerdings nicht mit Alphörnern. Stell dir vor, du müsstest ein drei Meter langes Horn aufs Schlachtfeld schleppen. Bis du es ausgepackt, zusammengebaut, in die richtige Position gebracht und mit dem Blasen angefangen hättest, wären deine Soldaten alle längst tot.

Nein, das Alphorn unterscheidet sich grundlegend von anderen Hörnern. Niemand weiss genau, wann oder wo – oder warum – es erfunden worden ist, aber vermutlich spielte es sich ungefähr so ab …

Prähistorisches Alphorn

Immerhin wissen wir, dass es Alphörner spätestens ab dem zweiten Jahrhundert nach Christus gab, denn im Kanton Waadt hat man ein römisches Mosaik aus dem Jahr 160 gefunden, auf dem ein Hirte mit einem Alphorn dargestellt ist. Das ist bislang der älteste Hinweis auf ein Alphorn, aber über die Anfangszeit dieses Instruments ist noch immer wenig bekannt.

Erstmals schriftlich erwähnt wurde das Alphorn 1527. Wer auch immer das Rechnungsbuch des Klosters St. Urban führte, notierte damals: «Zwei Batzen an einen Walliser mit Alphorn». Das bedeutet, dass jemand aus dem Wallis Alphorn gespielt hat und der klösterliche Buchhalter ihm dafür zwei Münzen gab.

Zwei Batzen an einen Walliser mit Alphorn

Im 15. und 16. Jahrhundert bot das Alphornblasen den Sennern oft eine zusätzliche Einkommensquelle ausserhalb der Hütesaison. Da die Kühe den Winter über in Ställen standen, gab es für die Männer in dieser Zeit keine Arbeit und auch keinen Lohn. Also stellten sie ihre Hörner in den Dörfern auf und spielten für Almosen, was ihnen häufig den Ruf von Bettlern eintrug.

Dann kam Johannes Calvin, ein Franzose mit sehr strengen Vorstellungen davon, was gut und was böse war. Nachdem er wegen seiner radikalen Ideen aus Frankreich hatte fliehen müssen, fand er um 1540 eine neue Heimat in Genf, wo sein Gedankengut auf fruchtbaren Boden fiel und weite Verbreitung fand. Unter anderem vertrat Calvin die Auffassung, dass instrumentale Musik das Werk des Teufels sei – ausser wenn es sich um Kirchenmusik handelte, die ging in Ordnung. Deshalb sorgte er dafür, dass viele Musikinstrumente zerstört und Darbietungen fast jeder Art von Musik bestraft wurden. In den Teilen der Schweiz, die Calvins Ideen anhingen, war das Alphornspielen also fortan verboten. Und so wäre das Alphorn beinahe für immer vom Erdboden verschwunden.

Calvins Begegnung mit dem Alphorn

1798 marschierte Napoleon in die Schweiz ein und hielt das Land einige Jahre besetzt. In dieser Zeit waren die Schweizer wieder einmal tief gespalten und uneins, etwa in der Frage, ob die französische Besatzung gut oder schlecht sei, oder welche Religion die bessere sei, und so weiter und so fort.

Nach Napoleons Abzug hatte der Bürgermeister von Bern eine Idee, wie die zutiefst zerstrittenen Schweizer ihre Meinungsverschiedenheiten beilegen und sich vielleicht miteinander versöhnen konnten. Er veranstaltete ein Fest der alpenländischen Traditionen – das Unspunnenfest.

Das Unspunnenfest

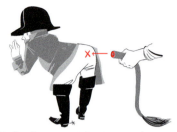

Eselsschwanzspiel mit Napoleon

Hau-den-Napoleon

Knutschkabine

Das Fest fand im August 1805 in der Nähe von Interlaken statt, mit regionalen Tänzen, Liedern, Trachten und Speisen; dazu gab es Wettkämpfe im Armbrustschiessen, Ringen und Steinstossen sowie im Alphornspielen. Es kamen sagenhafte dreitausend Besucher zu diesem Fest. Zum Alphornwettspielen kamen aber leider nur zwei. Die anderen 2998 hatten vom Tuten und Blasen anscheinend keine Ahnung.

Daraufhin wurde der Alphornwettkampf abgesagt, beide Teilnehmer durften je eine Medaille und ein schwarzes Schaf mit nach Hause nehmen. 1808 erschien dann sogar nur noch ein einziger Alphornspieler zum Wettkampf.

Ein Tiefpunkt für das Alphorn

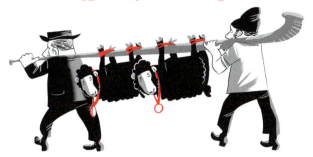

1805 in Unspunnen: Sepp und Urs

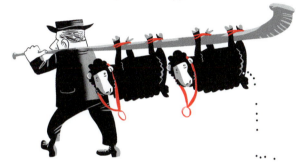

1808 in Unspunnen: Sepp

So konnte es nicht weitergehen! Der Bürgermeister von Bern beschloss, Massnahmen zu ergreifen, damit das Alphorn nicht endgültig aus der schweizerischen Kultur verschwand. Er stellte den Alphornspieler und Musiklehrer Ferdinand Fürchtegott Huber ein, um anderen das Alphornspielen beizubringen. Dazu liess der Bürgermeister sechs neue Alphörner anfertigen und sorgte dafür, dass Huber alljährlich im Sommer sechs Schüler in die Berge mitnehmen konnte, wo sie das Alphornspiel erlernten. Es ist höchstwahrscheinlich dieser Aktion zu verdanken, dass das Alphorn nicht in Vergessenheit geriet. Zwar brauchte es einige Jahre und etliches an Geld, um die Instrumente und den Unterricht zu finanzieren, doch letztendlich konnte man das unverkennbare Tuten des Alphorns wieder überall in der Schweiz vernehmen. Damals wie heute gilt es als Symbol der Schweizer Kultur und hat sich zu einer wichtigen Touristenattraktion entwickelt. So wird uns eines der längsten Musikinstrumente der Welt – das gleichzeitig einen der geringsten Tonumfänge hat – wohl auch künftig erhalten bleiben.

Burg oder Schloss
(oder Château, Herrensitz, Palast)

Die grässlichen, habgierigen Habsburger

schönes Bergpanorama

Aussicht auf all ihre Unterdrücker

miese Lage, leicht zu schlagen

Kennt die Folterkammer von innen

Kinder arbeiten hart

Schwein

dreckige Kleider

Entbehrungen

Haus
(oder Kate, Hütte, Bretterbude, Verschlag)

Wenn du heute in der Schweiz eine Burg siehst, hat sie höchstwahrscheinlich einer der Habsburger erbaut.

«Und wer waren diese Habsburger?», fragst du. Eine gute Frage.

Die Habsburger gehörten zwischen dem 15. und dem 19. Jahrhundert zu den mächtigsten Familien Europas. Sie hatten Ländereien und Diener, trugen Adelstitel und Kronen, und fast ganz Europa musste vor ihnen buckeln. Sie durften sich Grafen, Herzoge, Könige und sogar Kaiser des Heiligen Römischen Reichs (HRR) nennen. Kurz gesagt, sie hatten eine Menge toller Sachen. Klingt nicht schlecht, oder? Aber all die anderen Leute, die nichts dergleichen hatten, fanden das natürlich gar nicht so toll.

Bevor die Habsburger so mächtig wurden, gab es die Schweiz als solche noch nicht. Dort lebte damals einfach nur ein Haufen Leute in Städten, Dörfern oder am Ende der Welt und war irgendeiner der ansässigen Herrscherfamilien des Mittelalters untertan. Alles in allem lebte man nicht allzu schlecht, sofern man Elend und Gestank und so weiter aushielt; zumindest wurde man von den Oberen mehr oder weniger in Ruhe gelassen.

Schweizer Bauern im Mittelalter

Alltag der Bauernfamilie

Bauernfamilie in den Ferien

Bis die grässlichen, habgierigen Habsburger kamen

Graf Radbot (985–1045 n. Chr.)

Den Anfang machte Graf Radbot aus Schwaben, auch «der Gründer» genannt. Eigentlich war er gar kein so schrecklicher Kerl (mal abgesehen von seinem doofen Namen), aber er war wichtig. Ohne ihn hätte es die Habsburger nie gegeben. Und ohne die Habsburger gäbe es auch keine Schweiz.

Radbot entstammte einer eher unbekannten Familie, die in der Region des heutigen schweizerischen Aargau lebte. Er liess ein prächtiges Benediktinerkloster in Muri errichten und setzte sich zwischen 1020 und 1030 n. Chr. in den Kopf, eine kleine Burg im Aargau zu bauen. Diese nannte er Habichtsburg, angeblich weil er eines schönen Tages einen Habicht auf ihren Mauern sitzen sah. Ein paar Generationen später hatte sich der Name «Habichtsburg» zu «Habsburg» verkürzt. Und Radbots Nachfahren, die mittlerweile sehr mächtig und stinkreich geworden waren, benannten sich danach.

Dabei hatte sich der Name rein zufällig ergeben. Was, wenn Radbot an jenem schönen Tag nicht einen Habicht erblickt hätte, sondern eine Wildsau, die sich an der Burgmauer den Rücken kratzte?

Der Familienname hätte auch ganz anders lauten können
Der grösste Teil Europas – einschliesslich des Gebiets der heutigen Schweiz – gehörte damals zum Heiligen Römischen Reich. Da lagen also diese Ländereien der Noch-nicht-Schweiz, die so zum Anbeissen aussahen, dass man einfach zugreifen musste … und die habgierigen Habsburger wollten natürlich ein grosses Stück davon abhaben. Wenn man viele tolle Sachen hat, will man eben immer noch mehr davon haben. Es ist so ähnlich wie mit den Kartoffelchips: Man kann nicht nur einen essen. Man muss immer weiter mampfen, bis einem schlecht wird.

So ging es auch den Habsburgern

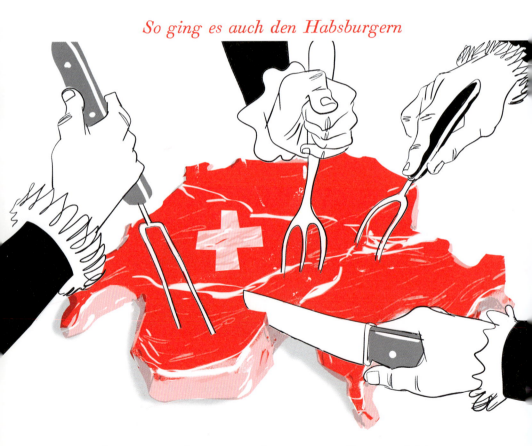

In ihrer Gier nach immer mehr gingen Radbots Nachfahren anscheinend rücksichtsloser und grausamer vor als ihr Gründervater. Je grösser ihr Herrschaftsgebiet in der Schweiz wurde, desto schlimmer führten sie sich auf.

Die heutigen Schweizer können eine Menge darüber erzählen, wie sie von den Habsburgern unterdrückt wurden und sich gegen sie wehrten, insbesondere gegen deren Statthalter, die in den jeweiligen Gegenden regierten. Manche dieser Geschichten sind wahr, manche nur Mythen und Märchen, aber sie alle haben die Zukunft der Schweiz geformt und das Land zu dem gemacht, was es heute ist.

Arnold von Melchtal gegen den Habsburger Landenberger

Anfang des 14. Jahrhunderts wurde ein alter, in seiner Gemeinde angesehener Bauer namens Heinrich von Melchtal immer wieder von einem übellaunigen Habsburger Verwalter namens Landenberger beleidigt und gedemütigt. Eines Tages warf Landenberger Heinrich eine Missetat vor, die dieser gar nicht begangen hatte. Zur Strafe sollte Heinrich seine Ochsen einem Gesandten Landenbergers übergeben. Als der alte Mann klagte, er könne seine Felder doch nicht ohne seine Ochsen bestellen, erwiderte der Gesandte, Heinrich solle sich eben selbst vor den Pflug spannen, er sei ja nur ein niederer Bauer. Als Heinrichs Sohn das hörte, ging er mit einem Stock auf den Gesandten los und brach ihm zwei Finger.

Als Vergeltungsmassnahme beschlagnahmte Landenberger Heinrichs kleinen Hof, erlegte ihm eine hohe Geldbusse auf und liess ihm mit glühenden Eisen die Augen ausbrennen

Da wundert es nicht, dass die ortsansässigen Bauern eine ziemliche Wut auf Landenberger bekamen und beschlossen, ihn sich vorzuknöpfen. Als Landenberger am Heiligabend des Jahres 1308 beim Weihnachtsgottesdienst war, kreuzten vierzig Bauern vor seiner Burg bei Sarnen auf, angeblich um dem Verwalter Geschenke zu bringen. Nachdem man sie eingelassen hatte, zückten sie die in ihren Gewändern versteckten Waffen, überwältigten die Wachen und nahmen die Burg ein, die sie daraufhin bis auf die Grundmauern niederbrannten.

Landenberger erfuhr noch in der Kirche von der Eroberung seiner Burg und floh nach Luzern, wo man ihn zweifellos für den Rest seines Lebens als Feigling verspottete

Konrad Baumgarten gegen den Habsburger Wolfenschiessen
Wolfenschiessen, ein Vogt der Habsburger, hatte ein Auge auf eine Bäuerin geworfen, die allerdings mit Konrad Baumgarten glücklich verheiratet war. Als Baumgarten ausser Haus war, versuchte Wolfenschiessen zum x-ten Mal, die Frau zu verführen. Wolfie betrat ungebeten das Haus und verlangte von ihr, ihm ein Bad einzulassen und zu ihm in den Zuber zu steigen. Doch

weil die Frau es satthatte, ständig von Wolfie belästigt zu werden, griff sie zu einer List. Sie bereitete ihm sein Bad vor und sagte, sie würde sich im Zimmer nebenan ausziehen.

Wolfie hüpfte in den Badezuber und wartete. Doch dann ...

Die Frau kletterte heimlich zum Fenster hinaus und holte ihren Ehemann, der mit einer Axt in der Hand zum Haus zurückstürmte ...

... und Wolfies Bad in ein Blutbad verwandelte

Ja, die Habsburger waren grausame Tyrannen. Sie besassen Macht und Reichtümer und kannten sich in Kriegsführung aus. Aber sie trafen auf einen ebenbürtigen Gegner. Auch wenn die Noch-nicht-Schweizer arm und unorganisiert waren, geografisch weit zerstreut lebten, keine Waffen hatten und nichts von Kriegsführung verstanden, so liebten sie doch ihr Land und ihre Freiheit über alles. Dass die angehenden Schweizer sich eines Tages gegen die Habsburger erheben und sie bezwingen würden, war ausgemachte Sache. Die Habsburger wussten es bloss noch nicht …

Am Ende waren es aber nicht nur die Noch-nicht-Schweizer, die sich rühmen konnten, die Habsburger besiegt zu haben. Nein, die habgierigen Habsburger trugen selbst das Ihre dazu bei.
Lies weiter.

Das Habsburger-Kinn

Ein altes Sprichwort lautet: «Sei vorsichtig, wenn du dir etwas wünschst – es könnte in Erfüllung gehen.»

Die Habsburger teilten nicht gern. Doch dafür, dass sie die ganze Macht in der Familie behalten wollten, zahlten sie einen Preis, mit dem niemand gerechnet hatte – und sie selbst schon gar nicht.

In der Familie Habsburg bildete sich ein seltsames Merkmal heraus. Es war – aufgepasst – ein gewisses Kinn. Nicht irgendeins,

Die Habsburger: von Generation zu Generation ein bisschen abartiger

sondern ein deutlich vorspringendes, nach unten spitz zulaufendes und mit Speichel vollgesabbertes Kinn – erstmals zu sehen an Maximilian I., der Mitte des 15. Jahrhunderts geboren wurde. Tatsache ist, dass die Habsburger dazu übergegangen waren, ihre Söhne und Töchter mit anderen reichen Königsfamilien zu verheiraten, um so ihren Besitz in der Familie zu behalten und noch zu vergrössern. Dadurch wurden ja beide Familien reicher, nicht wahr? Mag sein. Aber was passiert, wenn der geeignetste Heiratskandidat aus einer Familie stammt, mit der man selbst eng verwandt ist?

Tja, so kam es bei den Habsburgern zu ... Inzucht. Ich weiss: *igitt!* Halten wir hier einfach nur fest, dass Inzucht grundsätzlich eine ziemlich üble Sache ist.

Ein normaler, gesunder Mensch besitzt ein gemischtes Erbgut (auch «Gene» genannt), das ihm seine Eltern vermacht haben, und diese sind normalerweise keine nahen Verwandten. In der Regel ist ein Kind sogar um so kräftiger und gesünder, je unterschiedlicher die Gene seiner Eltern sind. Haben die Gene der Eltern jedoch allzu viele Gemeinsamkeiten, leiden die Kinder oft an allen möglichen Erbkrankheiten.

Wie man am Beispiel der Habsburger sehen kann.

Nach sechzehn Generationen Inzucht hatte sich die spanische Linie der Familie komplett selbst ausgelöscht. Der letzte der spanischen Habsburger war ein armer Tropf namens Karl II. (1661–1700), der den verworrensten Familienstammbaum hatte, den man sich vorstellen kann: Sein Vater war zugleich der Onkel seiner Mutter, seine Grossmutter war auch seine Tante und seine Urgrossmutter auch seine Grossmutter. Als wäre das nicht schon verwirrend genug, stammten auch noch alle seine acht Urgrosseltern direkt von ein- und demselben Paar ab: Johanna und Philipp I. von Kastilien. Tatsächlich taucht besagte Johanna gleich vierzehn Mal in Karls Stammbaum auf.
Igitt hoch zwei!

Der schlimmste Alptraum für jeden Ahnenforscher!

Infolgedessen war der arme Karl II. natürlich mit einer ganzen Reihe von Erbkrankheiten geschlagen. Er war klein, schwächlich, geistig behindert und hatte Verdauungsprobleme. Sein Unterkiefer stand so weit vor, dass er bis zum Alter von vier Jahren nicht sprechen konnte. Das Gehen lernte er erst mit acht Jahren. Wegen seiner grossen Zunge fiel ihm das Kauen schwer, und er sabberte ständig. Ausserdem war er unfruchtbar, was bedeutete, dass Karl II. ohne Nachkommen blieb. Die Spanier verspotteten ihn und nannten ihn «El Hechizado» (der Verhexte). Er starb im Alter von 38 Jahren, ohne einen Erben zu hinterlassen. Das war das Ende der spanischen Habsburgerlinie.

Hingegen konnte sich die österreichische Linie der Habsburger – die über das Gebiet der heutigen Schweiz herrschte, bis sie von dessen Bewohnern zum Teufel gejagt wurde – trotz ihres Gesabbers und der vorspringenden Spitzkinne etwas länger halten als ihre spanische Verwandtschaft. Man heiratete weiterhin untereinander, und die Kinder mussten es weiterhin ausbaden. *Igitt hoch drei!*

Was dem Herrschergeschlecht schliesslich den Garaus machte, war allerdings nicht Inzucht.

Sondern ein Fluch.

Der Fluch der Gräfin Karoly

Alles Gute und alles Böse kommt einmal zu einem Ende, heisst es.

1848 hatten einige Ungarn gegen die Herrschaft der Habsburger in ihrem Land rebelliert, woraufhin sie auf Befehl des achtzehnjährigen Kaisers Franz Joseph hingerichtet wurden. Einer der Aufständischen war der Sohn der Gräfin Karoly von Ungarn, die den jungen Kaiser und seine Familie sogleich mit einem Fluch belegte.

Der Fluch

Manche sagen, die Schicksalsschläge, die die Habsburger von nun an ereilten, hätten sie sich selbst zuzuschreiben gehabt – schliesslich waren sie so machthungrig gewesen, dass sie Inzucht betrieben hatten, bis sie wahnsinnig wurden. Andere behaupten, es habe an diesem Fluch gelegen. Man kann es so oder so sehen.

Tatsache ist, dass nach diesem Fluch so viel Leid über die Habsburger kam wie nie zuvor.

Was den Habsburgern in den nächsten siebzig Jahren alles zustiess

Sie wurden verrückt

begingen Selbstmord

wurden von einem Erschiessungskommando exekutiert

gingen auf hoher See verloren

verbrannten versehentlich bei lebendigem Leib

starben nach Reitunfällen

wurden von Anarchisten ermordet

1914 löste die Ermordung des Habsburgers Franz Ferdinand den Ersten Weltkrieg aus und hatte den Zerfall des ganzen Habsburger-Reichs zur Folge.

Ist das nicht aberwitzig? Die Habsburger klammerten sich so versessen an ihre Macht, dass alles, was sie deshalb unternahmen – etwa gegen die Schweizer zu verlieren, sich durch Inzucht fortzupflanzen und Flüche auf sich zu ziehen – letztlich zu ihrem Untergang führte. Doch ohne all diese schrecklichen Ereignisse wäre die Schweiz nicht das, was sie heute ist: ein freies Land, dessen Volk sich selbst regiert, und voll von echt coolen alten Habsburger-Gemäuern, mit denen wir tun können, wozu wir Lust haben.

Saubuckelburg
Adresse: 5245 Saubuckeldorf
Bauherr: Radbot, Graf von Saubuckel
Baujahr: ca. 1030 n. Chr.
Nutzung als Burg, Festung, Statussymbol, Museum, Kratzstelle für Wildschweine

Wilhelm Tell –

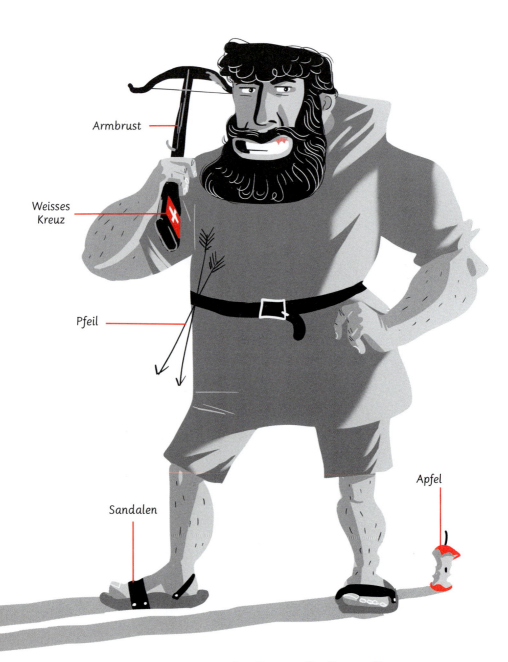

Der sagenhafte Wilhelm Tell

der Held,
den es niemals gab

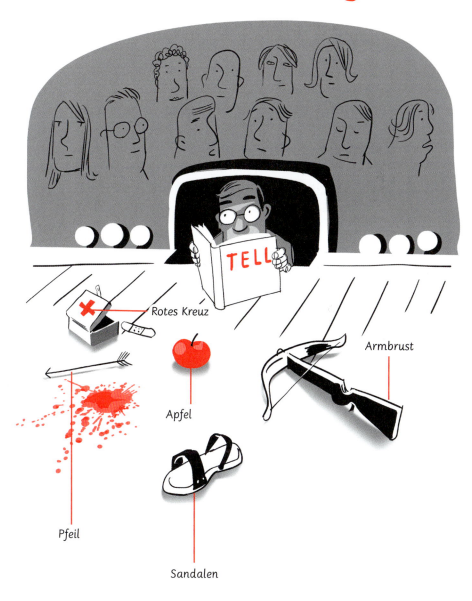

Der echte Wilhelm Tell

Von Wilhelm Tell und dem abscheulichen habsburgischen Landvogt Gessler hast du vielleicht schon mal gehört. Mal sehen, ob dir auch diese Version der Geschichte bekannt vorkommt ...

Wilhelm Tell war ein friedliebender Mann, der im 14. Jahrhundert in der Schweiz in der kleinen Ortschaft Bürglen lebte. Wobei es damals die Schweiz, wie wir inzwischen wissen, noch gar nicht gab. Regiert wurde die Noch-nicht-Schweiz von den grässlichen österreichischen Habsburgern, die sich als Kaiser des Heiligen Römischen Reichs selbst zu den Herrschern dieser Gebiete erklärt hatten – und sie waren nicht gerade nett zu den dort ansässigen Bauern.

Und so ernannten die Habsburger den grausamen, brutalen (und vermutlich erfundenen) Hermann Gessler zu ihrem Statthalter, der von dem nahen Städtchen Altdorf aus regieren sollte. Aus irgendwelchen Gründen, die nur Tyrannen kennen, gab Gessler seinen Männern einen seltsamen Befehl …

Gessler liess also auf dem Marktplatz von Altdorf einen Pfahl aufstellen und befahl, dass an der Spitze sein Hut angebracht wurde. Dieser Hut sollte Gessler darstellen, und jeder Einwohner war verpflichtet, ihn ehrerbietig zu grüssen … so als ob es Gessler persönlich wäre.

Laut dieser Version der Geschichte fuhr Wilhelm Tell mit seinem jüngsten Sohn Walter am 18. November 1307 nach Altdorf, um dort Vorräte zu kaufen. Sie überquerten den Marktplatz … und gingen dabei ganz nah an Gesslers Hut vorbei … ohne sich zu verbeugen! Daraufhin wurden Wilhelm Tell und der kleine Walter verhaftet und mussten sich dem Zorn des fiesen Gessler stellen.

Man trieb einen Apfel auf, und Gessler stellte seine Forderung: Entweder schoss Wilhelm Tell seinem Sohn den Apfel vom Kopf, oder er würde mit ihm bis ans Ende ihrer Tage im Gefängnis verrotten. Wilhelm Tell band seinen kleinen Sohn an einem Baum fest und legte ihm den Apfel auf den Kopf.

Wilhelm Tell zog zwei Pfeile aus dem Köcher, legte einen ein und zielte auf den Apfel. Dann schoss er beim ersten Versuch mitten hindurch – die beiden waren frei!

Wilhelm Tell wurde verhaftet und in Ketten gelegt … während offenbar keiner mehr an Walter dachte. Wahrscheinlich rannte er weg, um mit seinen Freunden zu spielen oder den Apfel aufzuessen. Das weiss keiner so genau. Gesslers Leute besprachen unterdessen, wie sie Tell am besten in Gesslers Verlies schaffen konnten.

Also legten sie mit einem Boot in Richtung Küssnacht ab … um Wilhelm Tell für den Rest seiner Tage in ein modriges Verlies zu sperren. Oder?

Sie fuhren also weiter nach Küssnacht, Tell lenkte das Boot zu einem grossen, flachen Felsen, und dann ...

Tell sprang aus dem Boot und stiess es dann mit Gessler und seinen Männern darin zurück in den stürmischen See.

Währenddessen rannte Wilhelm Tell durch Wald und Flur den ganzen Weg bis nach Küssnacht. Er wusste, dass Gessler und seine Männer ihm dicht auf den Fersen waren. In der Hohlen Gasse bei Gesslers Burg konnte sich Wilhelm Tell verstecken ... und wartete. Ach ja, irgendwie hatte er plötzlich auch seine Armbrust und seine Pfeile wieder ...

Als Gessler in die Hohle Gasse kam, spannte Tell seine Armbrust und schoss ihm mitten ins Herz, dann floh er zurück nach Bürglen. Und wurde, zumindest laut dieser Geschichte, nie wieder von Gesslers Leuten belästigt.

Angeblich wurde Wilhelm Tell ziemlich alt und erlebte noch eine Menge anderer Abenteuer, auf die wir hier nicht näher eingehen wollen. 1354 wollte er ein Kind vor dem Ertrinken im Schächenbach retten.

Was wäre denn das für ein Ende meiner Sage? Der alte Wilhelm schaut zu, wie jüngere und stärkere Männer ein Kind vor dem Ertrinken retten? Nein, das geht nicht!

Doch dann verliessen ihn die Kräfte, und er wurde von den reissenden Fluten fortgerissen.

Man hat Wilhelm Tells Leiche nie gefunden, weder im Fluss noch irgendwo am Ufer des Vierwaldstättersees. Und so wurde dieser Mann, dieses Symbol für den Schweizer Widerstand, zu einer Legende und zu dem Nationalhelden, der er heute noch ist.

Was für Muskeln!
Was für ein Mut!
Was für ein Bart!
Was für eine unglaubliche Geschichte!

WILHELM TELL – DER GRÖSSTE HELD, DEN ES NIE GAB

Meine Geschichte hat einen kleinen Haken: Ich habe wahrscheinlich nie gelebt. Möglicherweise bin ich bloss eine Figur aus einer alten dänischen Erzählung und jeder tut nur so, als habe sich das Ganze in der Schweiz abgespielt. Walter, der Apfel, der fabelhafte Schuss – nichts als eine einzige grosse Lüge.
Was aber nicht heisst, dass meine Sage nicht wichtig gewesen wäre. In schweren Zeiten brauchen die Menschen Helden. Denk nur an Robin Hood, Superman oder die drei Musketiere. Keiner von ihnen hat wirklich gelebt, aber alle wurden sie berühmt, als die Zeiten rau waren und die Menschen unbedingt Hoffnung brauchten.
Als meine Sage entstand, hatten die Menschen in der Region der heutigen Schweiz die Nase voll. Seit einer Ewigkeit wurden sie ständig und von allen Seiten von anderen Völkern und Herrschergeschlechtern angegriffen, die sich immer noch mehr Land und Reichtümer unter den Nagel reissen wollten.
Schon damals sprach man in dieser Gegend – insbesondere in den Waldstätten Uri, Schwyz und Unterwalden, den späteren Gründungskantonen – davon, dass man einen Pakt schliessen müsse, um einander gegen die äusseren Feinde beizustehen. Dazu hat auch meine Geschichte beigetragen. Ich habe den Menschen gezeigt, dass man zurückschlagen, sich wehren und auch gewinnen kann.
Und daran haben sie sich ein Beispiel genommen.
Kein Wunder, dass die Schweizer so sehr an meiner Legende hängen. Ich bin einfach toll, auch wenn es mich niemals gegeben hat.

Der Legende nach trafen sich im November 1307 drei Schweizer auf dem Rütli, einer Wiese am Ufer des Vierwaldstättersees. Sie stammten aus den Waldstätten Uri, Schwyz und Unterwalden und schworen, einander gegen die Herrschaft der grässlichen Habsburger, der Kaiser des Heiligen Römischen Reichs, beizustehen und zu beschützen.

Der Rütlischwur: Was angeblich geschah

Nun, so wird es zumindest in der Legende geschildert. Aber wie wir bereits wissen, sind Legenden manchmal wahr, manchmal nur halbwahr und manchmal auch kompletter Unsinn. Die Historiker sind sich nicht einig, ob es den Rütlischwur tatsächlich gegeben hat – und wenn die sich schon darüber streiten, wie sollen wir es dann wissen?

Kehren wir noch einmal ins späte 13. Jahrhundert zurück. Herzog Albrecht I. von Österreich war habsburgischer Herrscher des Heiligen Römischen Reichs geworden und hatte schon bald ein Auge auf die verlockenden Lande der späteren Kantone Uri, Schwyz und Unterwalden geworfen. Er schickte zwei Vögte, die das Gebiet regieren und den Herrschaftsanspruch der Habsburger durchsetzen sollten … ganz offensichtlich ohne zu ahnen, dass sich die Habsburger an den Schweizern die Zähne ausbeissen würden.

Was die Legende sagt

Los, Gessler und Landenberg, es wird Zeit, dass ihr ein paar dumme Bauern herumkommandiert. Seid ihr soweit?

Na klar! Ich kann es kaum erwarten, diesen Dörflern richtig fette Steuern abzuknöpfen.

Ich habe bereits gepackt, Majestät, und natürlich meinen Lieblingshut dabei.

Was die Legende auch noch sagt

Als Gessler und Landenberg im Herzen der Schweiz eintrafen, mussten sie allerdings feststellen, dass sich die Einheimischen nicht herumkommandieren lassen wollten. So hört man es zumindest von den Schweizern, wenn sie diese Geschichte erzählen …

Kuhdung

Also besprach sich Stauffacher mit seinen Freunden Walter Fürst aus Uri und Arnold von Melchtal aus Unterwalden – beide ebenfalls kluge und geachtete Männer.

Also verabredeten die Männer, sich im November 1307 auf dem Rütli wiederzutreffen. Es sollte eine geheime Versammlung sein – klar also, dass jeder von ihnen mindestens zehn Freunde mitbrachte! Auf dem Rütli gelobten die Männer gegenseitigen Beistand gegen die grässlichen Habsburger und jeden anderen, der sich in ihr Leben, wie sie es gewohnt waren, einmischen wollte.

Der Rütlischwur

Ich schwöre!

Stauffacher — Fürst — von Melchtal

Die Schweizer betrachten dieses Ereignis, das am 1. August 1291 stattgefunden haben soll, als Geburtsstunde ihres Landes und feiern es seither jedes Jahr.

Aber Moment mal! Haben wir nicht gerade gehört, das Geheimtreffen auf dem Rütli sei im November 1307 gewesen? Wieso feiert die Schweiz ihren Geburtstag dann am 1. August? Und seit 1291?

Sechzehn Jahre und drei Monate vor dem Rütlischwur? Da es keine urkundliche Erwähnung des Rütlischwurs gibt, kann niemand beweisen, dass er tatsächlich stattgefunden hat ... und die Historiker streiten sich darüber, ob es ihn überhaupt gegeben hat.

Zum ersten Mal wird der Rütlischwur im *Weissen Buch von Sarnen* erwähnt, etwa 162 Jahre, nachdem der Eid angeblich geleistet wurde. Geschrieben hat das Buch Hans Schriber, der Unterwaldner Landschreiber, um 1470. Dummerweise hat Schriber dafür ältere Dokumente herangezogen, die nicht mehr existieren. Die Schilderungen im *Weissen Buch von Sarnen* könnten also exakt der Wahrheit entsprechen oder völlig aus der Luft gegriffen sein. Das werden wir nie erfahren. Was heisst, dass sich viele Schweizer auf das *Weisse Buch von Sarnen* – und auf eine mündlich über viele Generationen weitergegebene Legende – verlassen, als sei es ein Tatsachenbericht.

Als wäre das Kuddelmuddel nicht schon gross genug, stammt ein weiterer schriftlicher Hinweis auf den Rütlischwur aus der Feder von Aegidius Tschudi, der 1550 sein *Chronicon Helveticum* schrieb. Tschudi erzählt dieselbe Geschichte vom Rütlischwur, wie sie auch im *Weissen Buch von Sarnen* steht. Doch um ehrlich zu sein: Er war dafür bekannt, dass er in seine Chronik alle möglichen Dinge einfügte, die nie stattgefunden haben.

Wilhelm Tell sagt, wie es wirklich war

Er hat im *Chronicon Helveticum* über mich geschrieben, als ob ich wirklich gelebt hätte. Dabei sind sich die meisten Historiker inzwischen einig, dass das nicht stimmt.

Und das ist noch nicht alles – es wird noch verworrener.

Denn Tatsache ist, dass der 1. August 1291 nicht viel mit dem Rütlischwur zu tun hat. Sondern mit dem Bundesbrief.

Der Bundesbrief ist eine Urkunde, mit der das Bündnis zwischen Uri, Schwyz und Unterwalden besiegelt wurde – also das Bündnis, das viele Menschen als den Ursprung der Schweiz betrachten. Wie du siehst, handelt es sich um dieselben Kantone, die den Rütlischwur geleistet haben sollen. Die Historiker sind sich zwar im Grossen und Ganzen einig, dass der Bundesbrief und der Rütlischwur nicht viel miteinander zu tun haben. Trotzdem sind sie ebenfalls der Meinung – ich weiss, das klingt kompliziert! –, dass Walter Fürst (aus Uri), Werner Stauffacher (aus Schwyz) und Arnold von Melchtal (aus Unterwalden) sehr wahrscheinlich hinter diesem Bundesbrief steckten, denn sie waren die wichtigsten Politiker der damaligen Zeit. Wenn irgendetwas Bedeutendes passierte, hatten sie ziemlich sicher ihre Finger im Spiel.

Was lief schief beim Bundesbrief?

Haben wir nun diesen Bundesbrief unterzeichnet oder den Rütlischwur geleistet? Oder beides? Oder nichts davon?

Eine gute Frage, Jungs. Auf einem so wichtigen historischen Dokument, an dem drei Kantone beteiligt waren, sollten zumindest drei Unterschriften stehen, oder nicht? Schon damals waren die Schweizer doch zweifellos sehr korrekt in solchen Dingen.

Aber auf dem Bundesbrief gibt es keine Unterschriften!

Es fehlen auch Datum und Ort seiner Entstehung, ausserdem strotzt er vor Rechtschreib- und Grammatikfehlern. Das ist ganz schön schlampig für ein sehr, sehr schweizerisches Schriftstück.

Und es wird noch seltsamer.

Der Bundesbrief war die wichtigste Urkunde in der Geschichte der Schweiz, er dokumentierte das wichtigste Ereignis. Doch kaum war er geschrieben, verschwand er in einem Archiv im Kanton Schwyz … und war 500 Jahre lang so gut wie vergessen. Niemand scherte sich darum.

Dumm gelaufen

Wie blöd – keiner erinnert sich mehr daran ausser uns.

Erst 1758 wurde der Bundesbrief im Archiv des Kanton Schwyz entdeckt, und etwa 140 Jahre später erwies er sich auf einmal als sehr nützlich.

Plötzlich wird der Bundesbrief wichtig

Im 19. Jahrhundert durchlebte fast ganz Europa eine Phase des «gesteigerten Nationalismus». Das bedeutete, dass Nationalstolz – und entsprechende Feiern – schwer im Trend lagen. Fast jeder europäische Staat hatte seinen Nationalfeiertag, und die Schweizer Regierung wollte auch unbedingt einen haben.

Also liess der Bundesrat im November 1889 von zwei Regierungsbehörden prüfen, welcher Tag am besten als Schweizer Nationalfeiertag geeignet wäre.

Da Bern 1891 sein 700jähriges Bestehen feiern würde, wollte die Regierung diesen Geburtstag gern mit einer 600-Jahr-Feier der Schweiz zusammenlegen. Immerhin waren die Vorbereitungen für den Berner Stadtgeburtstag schon im vollen Gange. So konnte man zwei Fliegen mit einer Klappe schlagen.

Sechzehn Tage später reichten die beiden Behörden ihren Bericht ein. Die Regierung entschied, dass die Schweizer Eidgenossenschaft am 1. August ihren Anfang genommen hatte, denn dieses Datum galt für den Bundesbrief als verbürgt. Auch wenn kein Datum darauf stand, sondern nur etwas von Anfang August. Aber wen juckte das schon?

Das Datum passte perfekt, die Urkunde war perfekt … na ja, perfekt genug … und so konnte die Schweiz bereits 1891 ihren ersten Nationalfeiertag begehen. Hätte man sich für das Datum des Rütlischwurs, den November 1307, entschieden, dann hätte man bis 1907 warten und in der Novemberkälte feiern müssen!

Damit war es entschieden. Die Schweiz war plötzlich am 1. August 1291 gegründet worden, obwohl dieser Tag für die meisten Schweizer damals nicht die geringste Bedeutung hatte.

Feiern zum Nationalfeiertag am 1. August 1891

Aber seitdem ist der 1. August 1291 für die Schweizer natürlich ungeheuer wichtig geworden – egal aus welchem Landesteil sie stammen oder welche Landessprache sie sprechen.

Hier allerdings noch eine peinliche Tatsache am Rande: Die meisten Schweizer haben keine Ahnung, *warum dieser Tag gefeiert wird*. 2016 hat eine Schweizer Zeitschrift auf der Strasse zufällig ausgewählte Bürger befragt, warum ihr Nationalfeiertag am 1. August begangen wird. Nur 45% haben bei dieser Umfrage die richtige Antwort gegeben. Satte 33% haben falsch geantwortet, und 22% sagten, sie hätten absolut keine Ahnung. Aber du bist ein Glückspilz. Du kannst es ihnen jetzt sagen.

Die Schweizer ge

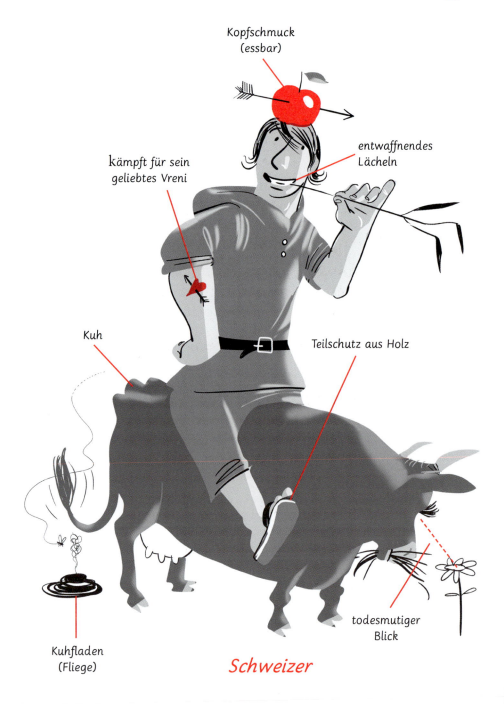

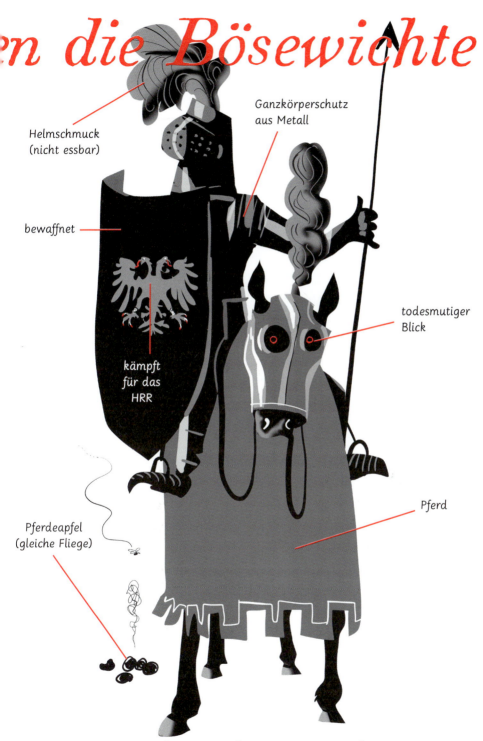

Praktisch seit Anbeginn der Zeit waren die Schweizer von fiesen, aggressiven Nachbarn umzingelt, die ihnen ihr Land und ihre Freiheit rauben wollten. Die Schweizer standen vor der Wahl, sich zu ergeben oder sich und ihr Land zu verteidigen.

Wir können uns unsere Freunde aussuchen, aber nicht unsere Nachbarn

11. Jahrhundert: Die Savoyer

12. Jahrhundert: Die Zähringer

15. Jahrhundert: Die Burgunder

6. Jahrhundert: Die Franken

1. Jahrhundert v. Chr.: Das Römische Reich

10. Jahrhundert: Das Heilige Römische Reich

Zum Glück entschieden sie sich für die Verteidigung ... und im Lauf der Jahre wurden sie wahre Meister darin. Denn sonst gäbe es heute keine Schweiz!

Und so spielte sich das Ganze ab (in Kurzfassung) ...

Die Mitwirkenden

Die Eidgenossen

Otto der Grosse

Die Eidgenossen

Die Leute, die auf dem Gebiet der heutigen Schweiz lebten, wurden im Lauf der Jahrhunderte immer wieder anders bezeichnet, und die Grenzen ihrer Siedlungsgebiete verschoben sich ständig. Auch gingen sie immer wieder neue Bündnisse ein. Als sich aber am Ende des 10. Jahrhunderts das Heilige Römische Reich die Region einverleiben wollte, schlossen sich die Dörfer und Städte zusammen und leisteten Widerstand. So entstanden die Kantone, und als die Bündnisse immer grösser wurden, erwuchs daraus eine Gemeinschaft der Schweizer: die Eidgenossenschaft.

Das schreckliche Heilige Römische Reich (nennen wir es der Kürze halber HRR, okay?)

Im Mittelalter wurden Teile der heutigen Schweiz von verschiedenen Adelsfamilien des HRR regiert. Alles begann im Jahr 962 mit dem deutschen König Otto dem Grossen. Er liess sich von Papst Johannes XII. zum Kaiser krönen und liess zu, dass einige reiche, mächtige Herrschergeschlechter (siehe unten) so ziemlich jeden in dieser Region nach Belieben schikanieren konnten. 1032 stand die ganze heutige Schweiz unter der Fuchtel des diktatorischen HRR … worüber die Schweizer Untertanen alles andere als glücklich waren.

Herrschergeschlechter
wie die bösen, hässlichen, habgierigen Habsburger

Ja, von diesen Habsburgern hast du vielleicht schon mal gehört. Ein paar von ihnen wurden im Mittelalter zu Kaisern des HRR ernannt. Im 13. Jahrhundert herrschte das Haus Habsburg über ganz Österreich und weite Teile der heutigen Schweiz. Und sie waren keine netten Herrscher.

Die Waffen
Die Schweizer Hellebarde und wofür die einzelnen Teile verwendet wurden:

Haken: gut geeignet, um einen Reiter vom Pferd zu reissen, ehe man mit dem Hacken beginnt.

Spitze: zum Aufspiessen des Gegners. Danach Hacken nach Belieben.

Schaftfedern (mit Nieten befestigte Metallverstärkung am Holzschaft): Ohne Schaftfedern kein Hacken.

Langer Schaft: hält den Gegner auf Abstand, ehe man ihn zerhackt.

Beilklinge: Werkzeug zum Hacken.

Die Hellebarde war eine Erfindung der Schweizer Armee im 14. Jahrhundert und über viele Jahre hinweg ihre bevorzugte Waffe. Sie eignete sich hervorragend dazu, feindliche Reiter rasch zu Boden zu ziehen, zu durchbohren und zu zerhacken. Im Vatikan dient sie noch heute als zeremonielle Waffe der Schweizergardisten. Zum Aufspiessen und Zerhacken von Feinden wird sie allerdings nur noch selten verwendet ... glaube ich jedenfalls.

Schweizer Dolch

Knauf: schneidet nicht, kann aber bei Bedarf jemandem auf den Kopf gehauen werden

kurze Klinge: für schnelles Zustossen und Zurückziehen

zweischneidige Klinge: weil doppelt geschlitzt besser hält

geschwungenes Heft: für besseren Griff

Der Schweizer Dolch wurde im 14. und 15. Jahrhundert in der Schweiz entwickelt und im 16. Jahrhundert von Schweizer Kaufleuten als Nahkampfwaffe eingesetzt. Also aufgepasst, wenn ein Schweizer Händler dich auffordert, näherzutreten ...

Die Schweizer Igelstellung

Kollegen?

Die Schweizer Igelstellung bot einen schrecklichen Anblick – mittelalterlichen Quellen zufolge sah sie aus wie ein riesiges, zorniges Stacheltier. Die Kämpfer in diesem «Igel» waren so gut ausgebildet, dass sogar eintausend Mann im Laufschritt in Schulter-an-Schulter-Formation blieben. Zu jener Zeit kam nichts und niemand gegen diese Schlachtordnung an, egal ob zu Fuss, zu Pferd oder mit Schwertern. Da auch noch einige Hellebardiere in diesem ohnehin schon beeindruckenden «Igel» lauerten, kann man gut verstehen, warum sich die feindlichen Soldaten in die Hosen machten und lieber Reissaus nahmen.

Ordne die Waffen ihrem jeweiligen Zweck zu:

1. Hellebarde   A. Töten
2. Schweizer Dolch   B. Töten
3. «Igel»   C. Töten

Lösung: 1=ABC, 2=ABC, 3=ABC

Die Anfänge der Schweiz

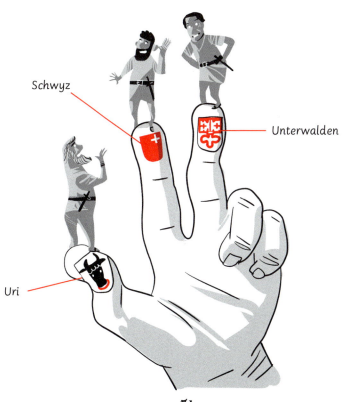

Schwyz

Unterwalden

Uri

1291 hatten die Bewohner des Landes, das heute die Schweiz ist, die Nase voll vom HRR, sie wollten ihre Freiheit haben. Der Legende zufolge trafen sich am 1. August 1291 Vertreter dreier Kantone (Uri, Schwyz und Unterwalden) zu einer streng geheimen Zusammenkunft auf einer Wiese und versprachen einander Schutz und militärischen Beistand für den Fall, dass das HRR ihnen allzu sehr auf die Pelle rückte. Tja, das HRR tat genau das. Also verteidigte man sich gegenseitig, und das war –

TATAAA!

– die Geburtsstunde der Schweizerischen Eidgenossenschaft.

Aber hat es sich wirklich so zugetragen? Wir haben es gerade gelernt: Man weiss es nicht genau. Was es an schriftlichen Zeugnissen dazu gibt, hat man erst viele Jahre nach diesem vermeintlichen Ereignis niedergeschrieben. Die Einzelheiten wurden im *Weissen Buch von Sarnen* und dem *Chronicon Helveticum* geschildert (ja, genau in jenen Werken, die auch über den erschwindelten Wilhelm Tell berichten).

Das ist das Problem mit Mythen und Legenden – manchmal sind sie eben nur erfunden. Die Wirklichkeit stellte sich wahrscheinlich ein bisschen anders dar.

Der Rütlischwur

Die Eidgenossen haben es nie bereut, dass sie sich für unabhängig erklärt hatten. In den Augen des Kaisers des HRR war diese neue Bundesgenossenschaft jedoch nichts weiter als ein Haufen armer Hinterwäldler (was nicht ganz falsch war), und er entsandte eine Armee nach der anderen, um ihnen eine Lektion zu erteilen. Allerdings erlebte er dabei sein blaues Wunder. Die Bundesgenossen mochten arm sein, schlechte Rüstungen und nur wenige gute Waffen besitzen. Aber sie waren einfallsreich, hochmotiviert und liebten ihre Freiheit mehr als ihr Leben. Und so ersannen sie Mittel und Wege, wie sie sich mit dem, was sie hatten, wirksam zur Wehr setzen konnten.

Die Schlachten und die Punktewertung

Die Eidgenossen gegen die Habsburger

1315: Die Schlacht am Morgarten

Herzog Leopold (einer der Habsburger) entsandte 20 000 Ritter in schwerer Rüstung, um gegen die Aufständischen durchzugreifen. Ihnen standen lediglich 1400 eidgenössische Soldaten gegenüber, die riesige Felsbrocken einen Hang hinunterrollen liessen, um die Angreifer zu zermalmen. Anschliessend hieben sie die verbliebenen Ritter entweder in Stücke oder ertränkten diejenigen, die noch am Leben waren, indem sie sie in ein Eisloch in einem zugefrorenen See warfen. Insgesamt töteten die Eidgenossen 2000 Soldaten des Herzogs; ihre eigenen Verluste beliefen sich auf gerade einmal zwölf Mann.

Punktestand

Heiliges Römisches Reich: 0

Eidgenossen: 1

1339: Der Laupenkrieg

6500 eidgenössische Fusssoldaten besiegten 12 000 schwer gerüstete Reiter der Habsburger. Bis dahin hatten Infanteristen keine Chance gegen zu Pferde anrückende Ritter gehabt. Doch durch die Taktik der Eidgenossen, die das Gelände besser ausnutzten, änderte sich das grundlegend. Und dabei beliessen die Eidgenossen es nicht. Nach der Schlacht trieben sie sämtliche überlebenden Ritter, derer sie habhaft werden konnten, zusammen und ertränkten sie in den Fluten der Sense. Den Grund dafür kennt niemand. Man hielt es wohl einfach für sinnvoll.

Punktestand
Heiliges Römisches Reich: 0
Eidgenossen: 2

1386: Schlacht von Sempach

Herzog Leopold III., ein weiterer Angehöriger des Hauses Habsburg, herrschte über weite Teile der späteren Schweiz. Er ritt mit 4000 Rittern los, um diejenigen zu vernichten, die sich nicht unter sein Joch zwingen liessen. Auf Seiten der Eidgenossen stand ein Heer von 1300 Mann. Die meisten von ihnen trugen lediglich um die Arme gebundene Holzstücke als Rüstung, und sie besassen nur einige wenige Hellebarden. Dennoch konnten sie der herzoglichen Armee eine Niederlage zufügen. Sie töten die Hälfte von Herzog Leopolds Männern und auch ihn selbst.

Der legendäre Held der Schlacht von Sempach war Arnold von Winkelried. Der Sage nach (die wahrscheinlich nicht auf Tatsachen beruht) konnten die Bundesgenossen die eng gestaffelten Reihen der habsburgischen Lanzenträger nicht durchbrechen, sodass sie die Schlacht zu verlieren drohten. Da soll Arnold von Winkelried ausgerufen haben: «Ich will euch eine Gasse bahnen, sorget für mein Weib und meine Kinder!» Dann warf er sich in die feindlichen Lanzen und zog so viele wie möglich auf sich. Autsch! Dadurch entstand eine Bresche in der österreichischen Angriffslinie, durch die die eidgenössischen Kämpfer in die gegnerischen Reihen vordringen konnten.

Punktestand

Heiliges Römisches Reich: 0

Eidgenossen: 3

1388: Schlacht bei Näfels

Die Habsburger griffen mit 15 000 Mann an und erlitten eine weitere Schlappe, die ihnen diesmal nur 650 Eidgenossen zufügten, und wieder einmal mithilfe einer Steinlawine, die sie auf die Angreifer hinabprasseln liessen. Unterm Strich wurden dabei 1700 Habsburger erschlagen, erstochen oder zerhackt. Die Eidgenossen verloren nur eine Handvoll Männer.

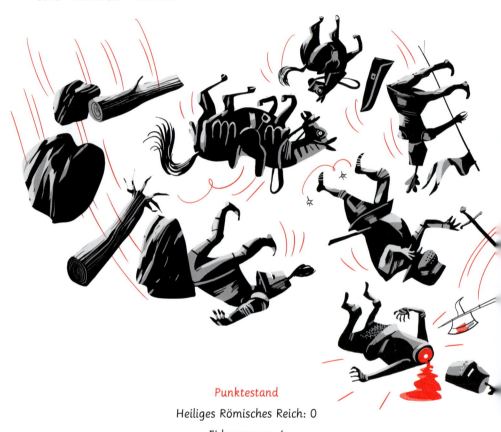

Punktestand
Heiliges Römisches Reich: 0
Eidgenossen: 4

Die Schweizer gegen die bösen Burgunder

Da sie eine Schlacht nach der anderen gegen das schreckliche HRR gewannen, erlangten die eidgenössischen Krieger bald europaweite Berühmtheit. Allerdings dachten sie nicht im Entferntesten daran, ihre Waffen niederzulegen und sich nur der Käseherstellung zu widmen. Sie wollten sichergehen, dass auch alle anderen potenziellen Eindringlinge einen grossen Bogen um ihr Land machten.

Da waren etwa die Herzöge von Burgund, die immer wieder versuchten, ihren Machtbereich zu vergrössern. Der letzte Burgunderherzog, Karl der Kühne oder auch Karl der Lügner genannt (je nachdem, mit wem man sprach), war mit dem HRR verbündet und hatte sich in den Kopf gesetzt, das Gebiet der Eidgenossenschaft seinem Herzogtum einzuverleiben. Doch er hatte die Rechnung ohne die Eidgenossen gemacht.

1476: Karl und die Schlacht bei Grandson

Als Karl die Burg Grandson am Neuenburger See belagerte, versprach er den eidgenössischen Verteidigern der Burg freies Geleit, wenn sie sich ergaben. Das taten sie, woraufhin Karl alle 412 von ihnen umbringen liess – er hängte sie an Bäumen auf oder ertränkte sie im See. Was für ein Lügner! Doch das sollte ihm schlecht bekommen. Denn mittlerweile waren weitere eidgenössische Truppen eingetroffen, die nichts von dem Gemetzel wussten, und begannen die Burg zurückzuerobern. Karls 20 000 Mann starke Armee, obwohl damals die mächtigste Europas, wurde relativ schnell besiegt und in die Flucht geschlagen. Erst danach sahen die Eidgenossen ihre jüngst ermordeten Kameraden an den Bäumen hängen und tot im See treiben. Das schweisste sie mehr denn je zusammen, und sie schworen Rache. Die sie auch bekommen sollten.

Punktestand

Burgunder: 0

Eidgenossen: 1

1476: Karl und die Schlacht bei Murten

Karl sammelte erneut seine Truppen und zog mit einer Streitmacht von 23 000 Mann ein weiteres Mal gegen die Eidgenossen in den Krieg. Diese wiederum stellten rasch ein 25 000 Mann starkes Heer zusammen und starteten bei Murten einen Überraschungsangriff gegen Karl, der den Burgunder Tausende von Soldaten kostete, während die Eidgenossen nur ein paar Hundert verloren. Diesmal kam Karl noch mit dem Leben davon, aber soviel Glück sollte er nicht noch einmal haben.

Karl als Reiter

Punktestand Total
Burgunder: 0
Eidgenossen: 6
Heiliges Römisches Reich/Habsburger: immer noch 0

1477: Karl und die Schlacht bei Nancy

Die Bundesgenossen hatten die Schlacht bei Murten nicht vergessen und kämpften in der Schlacht bei Nancy erbitterter denn je. Dabei versetzte ein zorniger eidgenössischer Bauer mit einer Hellebarde Karl einen Schlag auf den Kopf und tötete so den letzten Herzog von Burgund. Man fand seine Leiche Tage später steifgefroren im nahen Fluss. Der herzogliche Schädel war gespalten, Lanzen steckten in seinem Bauch und seinem Unterleib, und sein Gesicht war dermassen entstellt, dass ihn nur sein Leibarzt anhand der langen Fingernägel und alter Kampfnarben am Körper identifizieren konnte. So ging man damals also mit Lügnern um. Karls letzte Worte vor seinem Tod sollen gewesen sein: «Ich kämpfe gegen eine Spinne, die überall gleichzeitig ist», womit er den überwältigenden Kampfgeist und das zornige Ungestüm der eidgenössischen Truppen meinte.

Karl als Leiche

Schlusswertung

Eidgenossen: haben ihre Unabhängigkeit verteidigt

Heiliges Römisches Reich / Habsburger / Burgunder:
haben die Hucke voll bekommen

Wenn du dir all diese Schlachten und Jahreszahlen und Heeresstärken nicht gemerkt hast, solltest du sie schleunigst lernen. Wir schreiben morgen einen Test darüber.

SEI BEREIT.

ion *zu bewaffneter Neutralität*

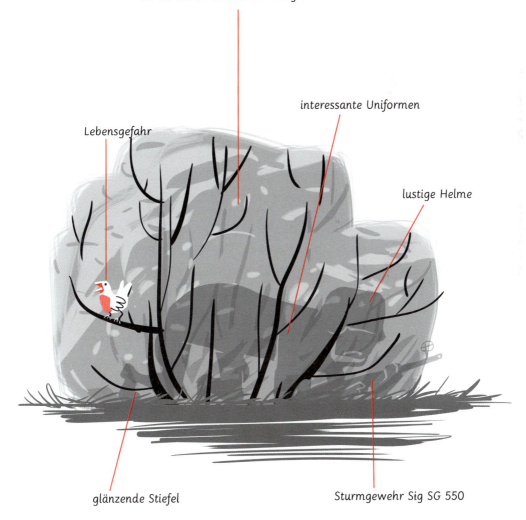

militärische Übungen von durchschnittlich drei Wochen im Jahr, und zwar bis ins hohe Alter von dreissig Jahren

interessante Uniformen

lustige Helme

Lebensgefahr

glänzende Stiefel

Sturmgewehr Sig SG 550

Das Schweizer Militär heute

Glaub bloss nicht, die Schweizer wären mit der Abwehr der hässlichen Habsburger, der brutalen Burgunder und anderer dermassen beschäftigt gewesen, dass sie nicht selbst den einen oder anderen Angriff geplant hätten. Von wegen. Mensch, es war schliesslich das Spätmittelalter, die Zeit der europäischen Eroberungen! Jeder klaute Land von jedem. Das Heilige Römische Reich krallte sich alles, was ging. Das Osmanische Reich breitete sich über Südosteuropa aus, nachdem es sich die Überreste des Byzantinischen Reichs einverleibt hatte. England legte sich mit den Franzosen, den Schotten und dann wieder den Franzosen an. Ganz Europa wollte bei diesem mittelalterlichen Machtpoker mitmischen, und die Schweiz war da keine Ausnahme. Tut mir leid, dass ich dir das so unverblümt sagen muss.

Als sich die Schweizer Eidgenossenschaft aus dem Griff der Habsburger befreite, bestand sie aus sieben Kantonen: Bern, Luzern, Zürich, Zug, Glarus, Schwyz, Uri und den beiden Halbkantonen Obwalden und Nidwalden. Und zwischen den Gebieten, die bereits zur Eidgenossenschaft gehörten, klafften noch etliche Lücken.

Der Plan der Eidgenossen zur Vergrösserung ihres Landes

Also schloss die Eidgenossenschaft Abkommen und Bündnisse, wo immer sich die Möglichkeit dazu bot. Beispielsweise waren die sogenannten «Drei Bünde» im Südosten (dem heutigen Kanton Graubünden) auch am Kampf gegen die habgierigen Habsburger beteiligt, als sie beschlossen, sich mit der Schweizer Eidgenossenschaft zusammenzutun. Dieses Freundschaftsabkommen war wichtig, denn es ermöglichte den Eidgenossen, den Zugang zu den Gebirgspässen östlich des Gotthardpasses zu kontrollieren.

Ein ähnliches Bündnis schlossen Luzern, Uri, Nidwalden und Obwalden mit dem Wallis, sodass die Eidgenossenschaft auch das Gebiet westlich des Gotthardpasses beherrschte.

Damit kontrollierte die Schweizer Eidgenossenschaft fast alle Nord-Süd-Routen durch die Alpen

Einige andere Regionen waren aber nicht einfach zu einem Abkommen bereit. Also fielen die Urner 1402 ins Leventiner Tal im Tessin ein und erklärten es zu ihrem Gebiet ... ob es den dort Ansässigen passte oder nicht. 1415 eroberten die Eidgenossen den Aargau, um die Lücke zwischen Bern, Luzern und Zürich zu schliessen – wie ein lang gesuchtes Puzzlestück, das das Bild nun endlich komplett machte.

Wie man 1415 neue Freunde fand

Aber warum taten das die Schweizer Eidgenossen? Nachdem sie sich Jahrhunderte lang gegen fremde Mächte ringsum hatten wehren müssen und Römer, Franken, Habsburger, Burgunder, Savoyer und so weiter und so fort zurückgeschlagen hatten, waren die Schweizer einfach ziemlich gut im Kriege gewinnen geworden. Zweihundert Jahre lang hatten sie beinahe ununterbrochen einen militärischen Erfolg nach dem anderen gefeiert. Sie waren gut ... und das wussten sie auch.

Und sie konnten durchaus stolz auf sich sein. Zwischen 1400 und 1500 hatte sich die Eidgenossenschaft von einem kleinen, losen Zusammenschluss einiger Kantone zu einer beeindruckenden Macht auf der politischen Bühne Europas gemausert. Um 1500 handelte die Schweizer Eidgenossenschaft Verträge mit europäischen Grossmächten wie den Habsburgern oder Frankreich aus. Die einstigen armen Bauern hatten es weit gebracht.

Die Schweizer Eidgenossenschaft wächst

So viel Erfolg kann einem natürlich leicht zu Kopf steigen. Die Eidgenossen wurden immer aggressiver … und dann übernahmen sie sich.

Die Eidgenossenschaft nimmt Mailand ins Visier

Mailand stand seit seiner Gründung im Jahr 400 vor Christus abwechselnd unter keltischer, römischer, gotischer, lombardischer, spanischer und österreichischer Herrschaft. Im 14. Jahrhundert war das Herzogtum Mailand in finanzieller und politischer Hinsicht die führende Macht in Norditalien.

1495 schlossen die Eidgenossen ein Bündnis mit Louis von Orléans, dem späteren König Ludwig XII. von Frankreich. Die Eidgenossen sollten ihm Söldnertruppen zur Verfügung stellen, die er nach Belieben zur Verstärkung seiner eigenen Armee einsetzen konnte; im Gegenzug versprach er ihnen die Städte Bellinzona, Lugano, Locarno und Arona. Da die Eidgenossen mit der Herrschaft über diese Gebiete sehr viel näher an Mailand heranrücken würden, klang das recht verlockend für sie. Also Handschlag drauf und abgemacht.

Vier Jahre später zeigte Ludwig XII. sein wahres Gesicht: Die meisten der versprochenen Gebiete behielt er selbst … und dann riss er sich auch noch Mailand unter den Nagel.

Verständlicherweise waren die Eidgenossen ziemlich sauer auf Ludwig XII. und wollten sich rächen. Nur um ihn zu ärgern, schlossen sie sich mit Papst Julius II. zusammen, dem Erzfeind von Ludwig XII. Der Papst hatte ja bereits die Schweizergarde in Dienst gestellt, eine Elitetruppe aus treuen Schweizer Söldnern, die ihn und den Vatikan beschützen sollten. Jetzt warb er weitere Schweizer Söldner an, um Ludwig XII. aus Mailand zu vertreiben, was diese nur zu gerne taten.

Rache ist süss

Im Jahr darauf, Ende 1512, ernannten die schweizerischen Truppen Maximilian Sforza zum neuen Herzog von Mailand. Als der französische König sechs Monate später die Stadt Novara westlich von Mailand belagerte, tauchte das Schweizer Söldnerheer auf und haute Ludwig XII. wieder einmal mit Vergnügen die Hucke voll. Bei dieser Gelegenheit konnten die Eidgenossen ihrem stetig wachsenden Land gleich noch weitere Regionen des südlichen Tessins einverleiben.

Doch bald bekamen auch die Schweizer den Hintern versohlt

In Frankreich bestieg ein neuer Herrscher den Thron – König Franz I. –, und der wollte Mailand wieder für sich haben. Ausserdem besass er eine schrecklich wirksame Artillerie … seine Kanonen waren weitaus tödlicher, als es Schweizer Soldaten jemals gewesen waren. Aber das nur am Rande.

Die Anführer der Eidgenossen setzten sich mit König Franz I. zusammen und trafen eine Abmachung mit ihm: Frankreich würde Mailand bekommen, es würde keine Schlacht stattfinden, alle durften lustig weiterleben … bis eben irgendwann mal der nächste Krieg anfing. Aber dann kam alles ganz anders.

Die bei den Verhandlungen anwesenden Eidgenossen hatten eigentlich nicht vorgehabt, gegen die Abmachung zu verstossen. Aber dann erschienen plötzlich zusätzliche Schweizer Truppen, die eigens wegen dieser Schlacht tagelang über die Alpen marschiert waren und sich nicht damit abfinden wollten, dass sie nun mit leeren Händen wieder abziehen sollten. Also hetzten sie die anderen Soldaten auf und beschlossen, trotz der getroffenen Vereinbarung loszuschlagen.

Tut mir leid, wir haben gelogen

Nahe der Stadt Marignano trafen die eidgenössischen Truppen auf die Franzosen. Diese rechneten nicht mit einem Angriff, weil sie ja dachten, man habe sich gütlich geeinigt. Trotzdem sammelten sie sich rasch und leisteten Gegenwehr. Die beiden Armeen kämpften, bis die Nacht hereinbrach und Freund und Feind nicht mehr zu unterscheiden waren. Daraufhin ordneten beide Seiten ihre Truppen neu und ruhten sich bis zum Morgengrauen aus, ehe sie sich wieder in die Schlacht

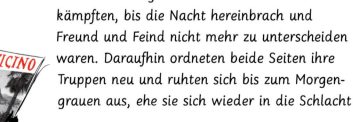

stürzten. Mittags fiel schliesslich die Entscheidung. Nach mehr als sechzehn Stunden blutigem Gemetzel hatten die Eidgenossen die Hälfte ihrer 22 000 Soldaten verloren und mussten den Rückzug antreten. Die Schlacht bei Marignano endete mit dem Sieg der Franzosen.

Und die Eidgenossen zogen ihre Lehre daraus. Mit ihrer 200 Jahre langen Vorherrschaft auf den Schlachtfeldern Europas war es vorbei. Sie wussten, dass sie mit den grossen Jungs einfach nicht mehr mithalten konnten.

1516 schloss die schweizerische Eidgenossenschaft einen «ewigen Frieden» mit Frankreich. Der Friedensvertrag sah unter anderem vor, dass Frankreich unbegrenzt Schweizer Söldner in seine Dienste nehmen durfte (die ansonsten ja nicht mehr viel zu tun hatten). Die Eidgenossen versprachen, nie wieder Krieg gegen Frankreich zu führen. Dafür durften sie das Tessin behalten.

Einmal Soldat, immer Soldat

Das war einer der ersten von vielen Schritten hin zu der neutralen Schweiz, wie wir sie heute kennen. Zwar kämpften Schweizer Truppen in den nächsten paar Jahrhunderten weiterhin für Frankreich, nicht aber, um das Gebiet ihres eigenen Landes zu vergrössern.

Die eidgenössischen Soldaten — ausgebildete Kämpfer, die plötzlich nur noch Däumchen drehen sollten — suchten sich anderweitig Arbeit. So liessen sie sich im grossen Stil von anderen europäischen Staaten als Söldner anwerben. Denn wie sich herausstellte, gab es noch etliche Schlachten zu schlagen.

Die Kriegsbeute

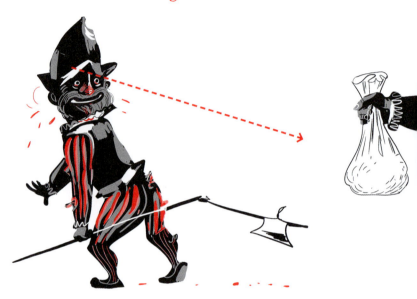

Du möchtest mehr über das Söldnerwesen wissen? Dann lies im nächsten Kapitel weiter.

Teuer, aber tödlich:

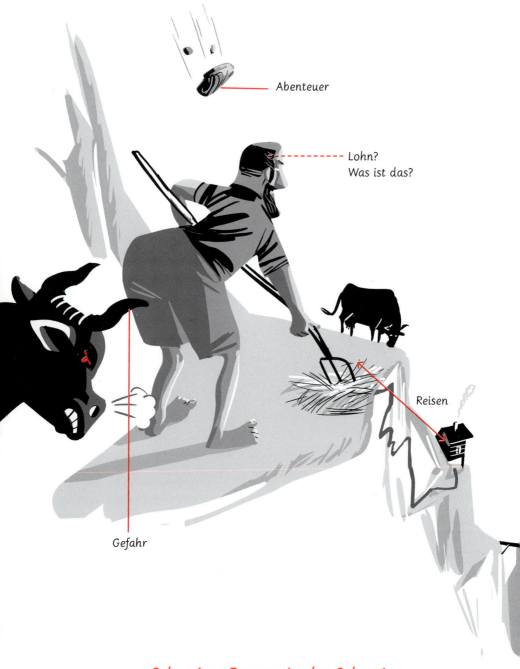

Schweizer Bauern in der Schweiz

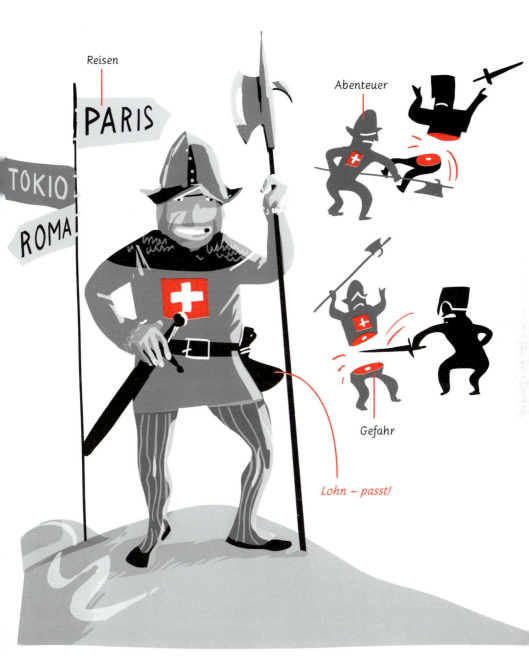

Ein Söldner ist einfach ein Soldat, der für Geld in der Armee eines anderen Landes kämpft. Oft auch «Glücksritter» genannt, kümmert es ihn normalerweise nicht, weshalb und wozu ein Krieg geführt wird. Sein Interesse gilt vor allem dem Sold (also dem Lohn), den er dafür bekommt.

Gründe, warum Söldner für andere Nationen kämpfen

~~Gott~~

~~Vaterland~~

~~Ehre~~

~~Liebe~~

~~Rache~~

Geld

Warum heuert eine Armee Soldaten aus anderen Ländern an, um ihre Kriege für sie zu führen? Ganz einfach, weil …

1. die eigenen Truppen schon grosse Verluste erlitten haben

So, jetzt seid ihr dran!

2. man den Feind einschüchtern will

3. man nicht die eigenen Soldaten verlieren will

Die Idee ist nicht neu. Die Mächtigen in Europa hatten über Jahrhunderte hinweg Söldner in ihre Dienste genommen. Aber hättest du gedacht, dass die Schweiz fünfhundert Jahre lang einer der wichtigsten und gefragtesten Lieferanten für Söldner war? Schätzungen zufolge kämpften zwischen dem 14. und dem 19. Jahrhundert mehr als eine Million Söldner aus der Schweiz in ausländischen Armeen.

Für die anspruchsvolle internationale Kundschaft

Söldner im Angebot! Holen Sie sich Söldner in Ihre Armee! Sie sind jung, sie sind stark, und sie geben alles für Ihren Krieg. Greifen Sie zu, bevor es Ihr Nachbar tut!

Aber warum gerade die Schweizer? Warum galten sie als die besten Kämpfer, die man für Geld bekommen konnte? Nun, wie wir wissen, waren die Schweizer praktisch seit Anbeginn der Zeit gezwungen, sich und ihr Land zu verteidigen. Seit dem späten Mittelalter (ab dem 14. Jahrhundert) waren Schweizer absolute Spitze in Sachen Krieg. Ihr Profi-Trick war etwas, was sie aus der Not heraus erfunden hatten: eine Viereckformation, genannt «Schweizer Gevierthaufen».

Das tödliche Viereck

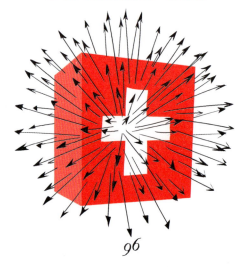

Zu dieser Zeit lebten die Schweizer unter ärmlichen Bedingungen. Sie hatten weder Rüstungen noch Kettenhemden und auch keine schlagkräftigen, kostspieligen Waffen. Aber sie waren einfallsreich und tapfer ... und mit dem Gevierthaufen hatten sie eine wahre Todesmaschine erfunden.

Dabei schlossen sich die mit Piken bewaffneten Soldaten rasch zu einem Viereck zusammen und gingen so auf ihren Feind los. In dieser geschlossenen Formation konnten sie marschieren, rennen, die Richtung wechseln und alles niederstechen und -hauen, was ihnen in die Quere kam. Wen dieser anstürmende Gevierthaufen nicht gleich mit Piken durchbohrte, der wurde von Hellebarden zerhackt, zertrampelt oder mit Dolchen niedergestreckt. Gefangene wurden nicht gemacht. Ein Gevierthaufen, so sagte man, hinterliess nichts als Leichen. So etwas hatte man bis zum 14. Jahrhundert noch nicht gesehen.

Der Schreckensschrei, den man auf den Schlachtfeldern des Hochmittelalters am häufigsten hörte

Und als wäre das nicht schon schlimm genug gewesen, besassen viele Söldner auch noch einen zweischneidigen, mit einem kurzen Knauf versehenen Schweizer Dolch, um ihre Feinde aufzuschlitzen.

Small Talk während der Schlacht

Es ist nur die einfache Ausführung, aber ich finde es super! Mit dem leicht gekrümmten Heft liegt es mordsmässig gut in der Hand.

Nachdem sie sich auf den Schlachtfeldern bewährt und den versammelten Habsburgern, Burgundern und allen anderen eine kräftige Abreibung verpasst hatten, standen die Schweizer Söldnertruppen überall hoch im Kurs. Frankreich, Österreich, Savoyen, Ungarn und sogar der Papst rissen sich um sie.

1506 nahm Papst Julius II. Schweizer Söldner in den Dienst, die ihn und den Vatikan vor Bösewichten beschützen sollten. Damals waren Päpste nicht die friedliebenden Oberhäupter der katholischen Kirche, wie man sie heute kennt. Sie besassen riesige Ländereien, befehligten Armeen und störten sich nicht sonderlich daran, wenn diese Armeen metzelten und mordeten – Hauptsache, der Papst bekam, was er gerade wollte. Und was Papst Julius II. wollte, waren Schweizer Söldner. Eine 150 Mann starke Truppe marschierte von der Schweiz über die Alpen und trat am 22. Januar 1506 ihren

Dienst in Rom an. Wenig später mussten die päpstlichen Schweizergardisten dann ihr Können unter Beweis stellen: bei der Plünderung Roms 1527.

34 000 wütende habsburgische Soldaten verwüsteten Rom und plünderten, was nicht niet- und nagelfest war. Auch den Papst versuchten sie in die Hände zu bekommen, was die Schweizergarde allerdings verhindern konnte. Die meisten Schweizergardisten fielen bei der Verteidigung des Kirchenoberhaupts, aber die wenigen Überlebenden schafften es, ihn durch einen geheimen unterirdischen Gang in Sicherheit zu bringen. Von da an stand fest: Auch künftige Päpste wollten keinesfalls auf ihre Schweizergarde verzichten. Und so sorgen seitdem Schweizergardisten für den Schutz des Papstes und des Vatikans.

Als Papst hat man's schwer

Etwa zur selben Zeit erlitten die Schweizer eine schrecklich peinliche Niederlage in der Schlacht bei Marignano in Italien und dachten noch einmal darüber nach, ob sie wirklich zusätzliche Gebiete erobern und ihr Land vergrössern wollten (siehe vorheriges Kapitel). Folglich wurden viele Soldaten auf einen Schlag arbeitslos. Was aber tun, wenn man ausgebildeter Soldat ist und es keine Schlachten mehr auszutragen gibt? Dann kämpft man eben in den Kriegen anderer Nationen und lässt sich ordentlich dafür bezahlen!

Die Schweizer Söldner kämpften für Geld in ganz Europa

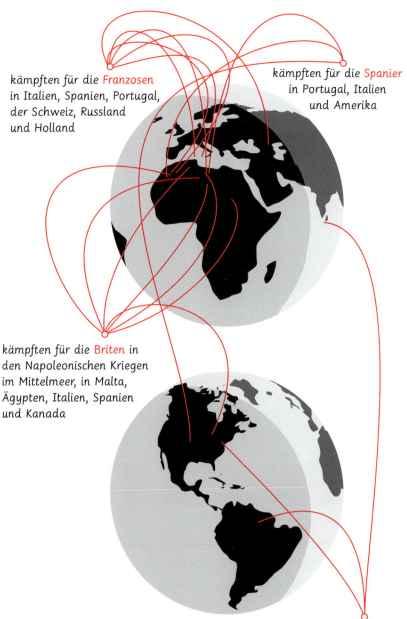

kämpften für die Franzosen in Italien, Spanien, Portugal, der Schweiz, Russland und Holland

kämpften für die Spanier in Portugal, Italien und Amerika

kämpften für die Briten in den Napoleonischen Kriegen im Mittelmeer, in Malta, Ägypten, Italien, Spanien und Kanada

kämpften für die Niederländer und die Niederländische Ostindien-Kompanie in der Kapkolonie, auf den Ostindischen Inseln, in Surinam und Kanada; stellten von 1815–1829 Wachen für den Niederländischen Königspalast

1848 gab sich die Schweiz die erste offizielle Verfassung, die es ihren Bürgern verbot, neue Verträge für Söldnertätigkeiten im Ausland abzuschliessen. Im Jahr 1859 war es dann für die letzten Söldner, die nicht bei dem einen oder anderen Gefecht umgekommen waren, an der Zeit, nach Hause zurückzukehren oder sich anderswo nach neuen Abenteuern umzusehen. Sämtliche Söldnerdienste waren fortan per Gesetz untersagt. Mit einer Ausnahme natürlich.

Als Papst hat man's gut

Wir können ihm seine Schweizergarde nicht wegnehmen. Er ist ein guter Kumpel von Gott!

Warum setzten überhaupt so viele junge, kräftige Schweizer ihr Leben aufs Spiel und wurden Söldner? Für die, die sich in den Dienst eines ausländischen Herrn stellten, lag die Antwort auf der Hand: wegen des Geldes. In jenen Tagen war die Schweiz eines der ärmsten Länder Europas. Diese jungen Männer verkauften also ihre körperliche Stärke und ihre Kampfkraft — und gerade auf letztere kam es an. Die Schweizer Söldner erhielten mehr Lohn als die Söldner anderer Nationalitäten, einfach, weil sie dermassen tödlich waren ... eine Eigenschaft, die Befehlshaber auf dem Schlachtfeld besonders schätzen.

Ausserdem waren Söldner abenteuerlustig und begierig, mehr von der Welt zu sehen (und zu erobern), als die kleinen Dörfer, in denen sie aufgewachsen waren.

Berufsrisiko Nr. 1

Manche wurden auch mit einer List dazu gebracht, einen Söldnervertrag zu unterschreiben, und ehe sie es sich versahen, zogen sie mit einer Pike in der Hand in die Schlacht. Einige wurden von ihren Heimatgemeinden geschickt, damit diese nicht für den Unterhalt der arbeitslosen jungen Männer sorgen mussten.

Berufsrisiko Nr. 2

Die meisten waren aber Berufssoldaten, die ihre Dienste zu vertraglich festgelegten Bestimmungen anboten. Sie verdienten ihren Lebensunterhalt in einem angesehenen Gewerbe, das damals das wichtigste in Europa war.

Schweizer Söldner konnte man entweder einzeln oder als ganze Truppe samt Waffen anheuern. Könige und Generäle waren ganz scharf auf sie. Und nicht selten übertrumpften sich zwei oder mehr konkurrierende Länder gegenseitig mit ihren Geboten, um die begehrten Krieger für sich zu gewinnen. Was natürlich auch dazu führte, dass Schweizer Söldner gegen andere Schweizer Söldner kämpften.

Berufsrisiko Nr. 3

Für die heutige Schweizergarde des Papstes hat sich jedoch einiges geändert. Zwar wird sie noch immer gut bezahlt, doch alle Gardisten müssen auf dem Papier Katholiken sein, egal wie gläubig sie letztlich wirklich sind. Manche meinen, es gäbe für einen Katholiken keine grössere Ehre, als den Papst und den Vatikan zu beschützen. Andere haben einfach schon als Kinder davon geträumt, einmal Schweizergardist zu werden.

Um in die päpstliche Schweizergarde aufgenommen zu werden, muss man ausserdem:

zwischen 19 und 30 Jahre alt

ledig und keusch sein

und mindestens 1,74 Meter gross sein

Der neueste Trend bei der päpstlichen Truppe betrifft ihre Helme: Die traditionellen gusseisernen Helme werden bald der Vergangenheit angehören, stattdessen werden sie mit 3-D-Druckern in Plastik nachgebaut und sollen weniger als die Hälfte des ursprünglichen Kopfschutzes wiegen. Dann werden die Köpfe der Wache stehenden Gardisten in der römischen Sommerhitze nicht mehr so schnell rauchen.

Berufsrisiko Nr. 4

Mahlzeit!
Die Schweizer Lebensmittelschlachten

Die scheussliche Rinderzungenfehde von 1859

Das fiese Fonduescharmützel 1928

Kämpfe, die nie stattgefunden haben (obwohl wir sie gern erlebt hätten):

Die glorreiche Eiscremeschlacht 2019

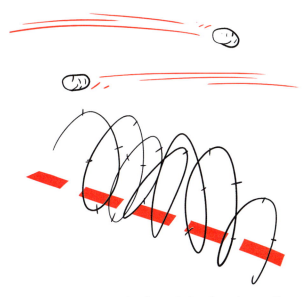

Die Röstigrabenkämpfe (noch andauernd)

Nahrungsmittelkämpfe, die es wirklich gab

Während die Bundesgenossen damit beschäftigt waren, anderen auf den Schlachtfeldern Europas die Hucke vollzuhauen, änderte sich das Leben in den mittelalterlichen Städten und Dörfern der Schweiz rasend schnell. Die Bauern auf dem Land fingen an, eigene Verwaltungen einzusetzen, und die Reichen und Mächtigen in der Stadt taten, was die Reichen und Mächtigen gerne tun ... sie zogen die Bauern mit ihren hohen Steuern bis aufs Hemd aus. Auf diese Weise blieben die Reichen reich, wohingegen die Armen ärmer und ärmer wurden. Und sogar noch ärmer ...

«Armer Kerl, sogar die Socken muss er versteuern ...»

Der Zwiebelnkrieg in Luzern von 1513

Beispielsweise in Luzern, wo die Armen immer ärmer wurden – und die Nase voll hatten – und ausrasteten!

Erster Schritt: Die Leute in den Städten werden reich und bauen sich grosse Häuser mit hübschen Gemüsegärten.

Zweiter Schritt: Die armen Bauern werden immer ärmer, bis sie irgendwann ausrasten.

Dritter Schritt: Tausende wütende Bauern stürmen Luzern.

Vierter Schritt: Die Bauern verwüsten die Gärten. Und trampeln auf dem Gemüse herum.

Es gibt keine Belege, welche Gemüsesorten tatsächlich vernichtet wurden und ob Zwiebeln wirklich die Hauptangriffswaffe der Aufständischen waren. Warum diese Schlacht nicht als Karottenkrieg oder Bohnendebakel in die Geschichte einging, wissen wir also nicht. Vielleicht weil alte Zwiebeln, die aus der Erde gerissen wurden und in der Sonne verfaulen, wirklich widerlich stinken? Oder hatten ein paar der Aufrührer Zwiebel-Mundgeruch? Jedenfalls endete der Aufstand damit, dass Dutzende der Rebellen verhaftet wurden und man ihrem Anführer die Rübe abhackte. Doch das war nicht das Ende vom Lied. Denn andere Schweizer Bauern hatten das Geschehen beobachtet.

Erst den Zwiebelnkrieg verloren, dann die Rübe

Der Lebkuchenkrieg in Zürich 1515

Zwei Jahre später kam es in Zürich zu ähnlichen Ausschreitungen. Dort plünderten die aufgebrachten Bauern Buden und Geschäfte in der Nähe des Marktplatzes, wo bekanntermassen Süssigkeiten und Lebkuchen verkauft wurden, daher der Name «Lebkuchenkrieg». Offenbar waren die Bauern inzwischen schlauer – und danach ein bisschen satter –, denn diesmal schnappten sie sich Lebkuchen anstelle von Zwiebeln. Was den Ladenbesitzern aber vermutlich genauso stank.

Das Zürcher Wurstessen 1522

Huldrych Zwingli war ein Priester am Grossmünster in Zürich und galt als begabt, aber eigensinnig. Damals gab es den sogenannten Ablasshandel, bei dem die Priester den Menschen versprachen, dass sie nicht in die Hölle kämen, wenn sie der Kirche haufenweise Geld spendeten. Zwingli fand das blödsinnig. Solche Kritik passte den geldgierigen Kirchenoberen jedoch gar nicht.

Und Zwingli trieb es noch schlimmer. Zusammen mit einigen Freunden sprach er sich offen gegen das katholische Gebot aus, wonach man in der Fastenzeit vor Ostern auf bestimmte Speisen und Getränke verzichten müsse. Statt Fisch zu essen, wie von der Kirche vorgeschrieben, setzten sie sich eines Abends zusammen und verputzten … na, errätst du es?

Niemand beobachtete sie dabei, aber sie sorgten dafür, dass die Nachricht die Runde machte, dass sie ganze zwei Würste gegessen hatten! Boah!

Der Gastgeber, Christoph Froschauer, wurde sofort verhaftet. Im Gegensatz zu Zwingli, der selbst offenbar keine Wurst verspeist hatte. Sagte er jedenfalls. Aber zwei Wochen später hielt Zwingli die flammende Predigt «Von Erkiesen und Freiheit der Speisen» und schimpfte laut, dass im Neuen Testament nicht stehe, was man wann essen oder nicht essen dürfe!

Wurstkontrolle im 16. Jahrhundert

Die Leute in Zürich flippten aus. Auf den Strassen und in den Kneipen wurde gekämpft. Und das alles wegen zwei Würsten.

Der katholische Bischof von Konstanz schickte ein paar von seinen Männern, die herausfinden sollten, worum es eigentlich ging. Zwingli traf sich mit dieser Abordnung und verkündete, dass Zürich nicht länger die Fastengebote der katholischen Kirche einhalten würde. Mit Erfolg. Innerhalb eines Jahres war das Fasten in Zürich abgeschafft und man durfte wieder nach Belieben Wurst verspeisen … Gott sei Dank!

Der Erste Kappelerkrieg 1529

Auch wenn es nun wurscht war, ob man Wurst ass oder nicht, hiess das nicht, dass zwischen den Katholiken und den Nicht-Katholiken alles geklärt gewesen wäre. Nein, nicht mal annähernd. Denn Leute, denen das eine oder andere am Katholizismus nicht gefiel und die deshalb dagegen protestierten, fanden sich zu einer neuen christlichen Glaubensrichtung zusammen, dem Protestantismus. In Zürich führte Zwingli die Protestanten an.

Im Lauf der Zeit wurden die Reibereien zwischen den Katholiken und den Protestanten in der Schweiz so gross, dass sie sich schliesslich Krieg erklärten. Der erste Krieg war jedoch gar kein wirklicher Krieg.

Zwingli hatte sich mit anderen protestantischen Kantonen in der Schweiz zusammengetan. Die katholischen Kantone verbündeten sich mit dem österreichischen Kaiser des Heiligen Römischen Reichs, dem Habsburger Ferdinand I. Eine Zeitlang drohten sie einander, brüllten sich an und gestikulierten wild, ohne wirklich ernsthaft zu kämpfen … bis ein katholischer Priester 1528 auf protestantischem Gebiet umgebracht wurde. Daraufhin verbrannten die Katholiken 1529 einen protestantischen Pfarrer auf dem Scheiterhaufen. In der Folge erklärte das protestantische Zürich den katholischen Kantonen 1529 den Krieg. Die Truppen beider Seiten trafen bei Kappel, nahe der Zuger Grenze, aufeinander und … warteten ab.

Beide Seiten schickten Vermittler, um die Lage zu besprechen. Wofür diese sich offenbar reichlich Zeit nahmen. Da sich die Verhandlungen hinzogen, fingen die Soldaten hüben und drüben an, sich zu langweilen. Sie plauderten miteinander, leerten zusammen den einen oder anderen Krug und warteten dabei die ganze Zeit darauf zu erfahren, was das Schicksal für sie bereithielt – mussten sie gegeneinander kämpfen oder nicht? Irgendwann wurden sie hungrig. Die Armee der Protestanten hatte Brot, die Armee der Katholiken hatte Milch. Während die Vermittler immer weiter und weiter schwafelten, kochten die beiden Heere zusammen und assen dann gemeinsam warme Milchsuppe.

Ja genau, mehr war nicht. Kein Blutvergiessen, kein Gemetzel, kein herumfliegendes Gemüse. Nur warme Milchsuppe

Wenn du jetzt aber denkst, diese religiösen Männer hätten sich von einer warmen Suppe besänftigen lassen, liegst du falsch. Keine zwei Jahre später gab es eine Neuauflage: den Zweiten Kappelerkrieg. Dabei wurden Zwingli und vierundzwanzig weitere Geistliche getötet und Zwinglis Leichnam obendrein von den siegreichen Katholiken verbrannt. Tja.

Mère Royaumes berühmte Gemüsesuppe

Im tiefsten Dunkel der Nacht vom elften auf den zwölften Dezember des Jahres 1602 entschloss sich der Herzog von Savoyen zu einem Überraschungsangriff auf Genf.

Der Vater des Herzogs war so stur gewesen, dass man ihm den Spitznamen *Tête de fer*, Eisenschädel, verpasst hatte, und auch der Junior wusste ziemlich genau, was er wollte und was nicht.

Was er wollte und was nicht

Der Herzog befahl seinen Truppen, mitten in der Nacht anzugreifen, weil er hoffte, Schrecken und Überraschung würden ihm den Sieg leicht machen.

Catherine Cheynel (seit ihrer Eheschliessung mit Monsieur Royaume auch bekannt als Mère Royaume) war eine sechzigjährige Mutter von vierzehn Kindern. Der Legende nach kochte sie in dieser Nacht gerade einen grossen Kessel Gemüsesuppe, als sie die Männer des Herzogs mit Sturmleitern die Stadtmauer erklimmen sah. Sie schnappte sich ihren Kessel mit der dampfend heissen Suppe, rannte zur Mauerkrone und schleuderte ihn auf die feindlichen Soldaten hinab. Dabei gelang es ihr, etliche Angreifer zu verbrühen, die vor Schmerz die Mauer hinunterpurzelten. Einen brachte sie sogar um, als ihr schwerer Kessel ihn am Kopf traf.

Die Schmerzensschreie der herzoglichen Soldaten, die Mère Royaumes Suppe abgekriegt hatten, weckten die ganze Stadt auf. Männer, Frauen und Kinder wehrten sich und zwangen die Armee des Herzogs zum Rückzug. Dabei brachten sie 54 von seinen Männern um.

Dreizehn der herzoglichen Soldaten wurden in dieser Nacht gefangen genommen und am nächsten Morgen gehängt ... ohne vorher wenigstens noch eine Schale Suppe zu bekommen.

Es war die Sache wert. Diese Suppe ist köstlich

Seit 400 Jahren gedenkt Genf mit einem zweitägigen Fest *L'Escalade* (so heisst «das Erklettern» auf Französisch). Schokoladenkessel (die sogenannten *marmites*) mit roten und goldenen Schleifen, den Farben von Genf, werden mit Süssigkeiten und Marzipangemüse gefüllt, um Mère Royaumes hochberühmte Gemüsesuppe zu ehren.

Kein Herz

Was ist zu tun, wenn schlimme Dinge durch Hexerei passieren

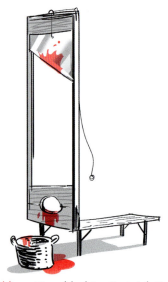

Problem: Ein schlechtes Erntejahr?
Lösung: Es liegt bestimmt an dem komischen stotternden Typen im Schuppen nebenan. Rübe ab!

Problem: Hagel? Und dann noch eine Hungersnot dazu?
Lösung: Daran ist doch diese seltsame Frau mit dem gruseligen Kräutergarten schuld. Verbrennt sie auf dem Scheiterhaufen! Danach wird alles wieder gut.

für Hexen

Problem: Die Kuh gibt keine Milch mehr?
Lösung: Das liegt bestimmt an dieser attraktiven Nachbarin. Dein Ehemann macht ihr schöne Augen, sie hat ihm total den Kopf verdreht. Zeig sie an. Und dann kannst du zugucken, wie sie erdrosselt wird.

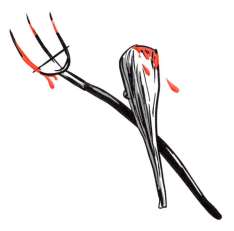

Problem: Du hast einen übelriechenden Ausschlag am Fuss?
Lösung: Das kommt von diesen komischen Einwanderern, die sich bei uns angesiedelt haben. Vertreibt sie! Oder hackt ihnen die Köpfe ab. Egal.

Was hat das alles mit der Schweiz zu tun, fragst du vielleicht? Nun, das Land, das wir heute als ordentliche, vernünftige und neutrale Schweiz kennen, war früher nichts dergleichen. Du erinnerst dich – im Mittelalter und während der Reformation lebten hier fast nur arme, ungebildete Bauern, die ums Überleben kämpfen mussten. Die meisten Leute glaubten an schwarze Magie und waren zu allem bereit, um sich und ihre Familien zu schützen.

Das trifft natürlich auf ganz Europa zu. Doch aus irgendeinem Grund gab es in der Hochphase der Hexenverfolgung zwischen 1550 und 1700 in der Schweiz mehr Anklagen wegen Hexerei und mehr Hexenverbrennungen als irgendwo sonst in Europa.

Im 16. Jahrhundert

Hinrichtungen in der Schweiz   *in den übrigen Ländern*

Von insgesamt 80 000 Menschen, die in Europa der Hexerei angeklagt waren, lebten sage und schreibe 10 000 auf dem Gebiet der heutigen Schweiz. Zwei Drittel der Angeklagten wurden hingerichtet, es starben also mehr als 6000 Menschen auf dem Scheiterhaufen.

Das sind eine ganze Menge tote Schweizer Hexen und Hexenmeister.

Wobei die meisten der Angeklagten – etwa 75% – Frauen waren. Natürlich! Wann wurden Frauen jemals fair behandelt? Wie du dir vorstellen kannst, kam es nicht unbedingt darauf an, dass man ihnen Hexerei tatsächlich nachweisen konnte. Schlechte Karten für die Angeklagten.

Aber warum wurden ganz gewöhnliche Leute wegen so einem Unsinn angeklagt? Und warum hauptsächlich Frauen? Im Grunde ging es um Macht. Wer hatte sie? Wer nicht? Wer wollte sie? Wer fand, dass andere zu viel davon hatten?

Aber wer waren eigentlich diese Unglückseligen? Hier einige wenige Beispiele:

Seelenmutter von Küssnacht (hingerichtet 1577)

Über die Seelenmutter von Küssnacht ist kaum etwas überliefert – nicht einmal ihr richtiger Name. Alle Aufzeichnungen, in denen ihr Name stand, sind seit langem verschwunden, aus welchen Gründen auch immer. Wir wissen nur, dass die Seelenmutter von Küssnacht eine ältere Frau mit coolem Spitznamen und einer seltsamen Gabe war.

Von etwa 1560 an sprach sich herum, dass die Seelenmutter mit den Toten reden könne. Wenn jemand starb, suchten Freunde und Verwandte also eilends die Seelenmutter auf, die Visionen hatte und mit dem Geist des Verstorbenen sprechen konnte. Sie fand Antworten auf die Fragen der Lebenden und konnte ihnen beispielsweise Hinweise geben, wie der Verstorbene bestattet werden wollte.

Wenn Kunden an ihre Tür klopften, sprach die Seelenmutter zuerst mit ihnen und machte sich so ein Bild von dem Verstorbenen. Dann schickte sie die Kunden ins nahegelegene Gasthaus ihrer Freundin Verena Lifibach, das deshalb oft bis zum letzten Bett aus-

gebucht war. Hätte es damals in Küssnacht schon Airbnb gegeben ... sie hätten dort ein Vermögen gemacht.

Dass die Dienste der Seelenmutter immer beliebter wurden, war den ortsansässigen Geistlichen ein Dorn im Auge. Schliesslich machte sie ihnen Konkurrenz ... die trauernden Angehörigen mussten an Gottes ewige Herrlichkeit gemahnt werden und sollten sich nicht mit den Fähigkeiten der Seelenmutter begnügen. Also schrieben die Geistlichen einen Beschwerdebrief an den Bischof. Daraufhin wurde die Seelenmutter wegen ihrer «unchristlichen Fantasien» angeklagt und befragt. So ein bisschen Folter löst ja die Zunge, sie gestand ihre Hexerei, wurde für schuldig befunden und lebendig auf dem Scheiterhaufen verbrannt.

Michée Chauderon (1602-1652)

Michée war eine fünfzigjährige Waschfrau in Genf, die einige Mängel hatte.

Bei der armen, alten Michée war es nur eine Frage der Zeit. Eines Tages beschuldigten sie ihre Arbeitgeber, sie hätte Wäsche gestohlen, und Michée wagte es zu widersprechen. Dann behaupteten diese, sie hätte einen Dämon in den Körper ihrer Tochter gezaubert.

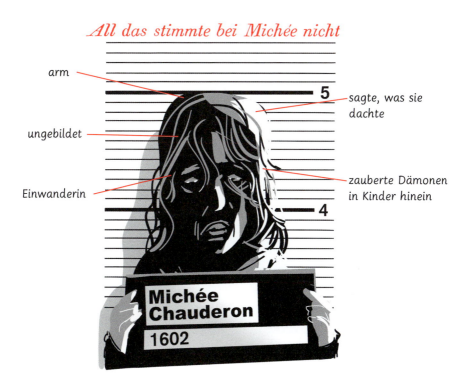

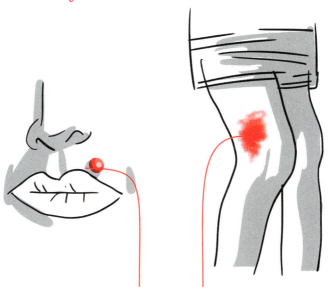

Sie hatte ein Muttermal an der Oberlippe und eine merkwürdige Geschwulst am Oberschenkel!*
*Jeder weiss, dass das ein untrüglicher Hinweis auf eine Hexe ist.

Michée wurde mit Strappado gefoltert, was lustig klingt,
ABER NICHT LUSTIG IST

Das funktioniert so:
Ihr wurden die Hände hinter dem Rücken zusammengebunden.
Dann wurde ihre Handgelenke mit einem Seil nach oben gezogen,
bis sie in der Luft hing.
Weil das so weh tat, sagte (eher: schrie) sie alles, was man von ihr hören wollte. Sie gestand, dass sie sich mit dem Teufel im Garten getroffen hatte. Jetzt wusste man, dass sie eine Hexe war. Also wurde sie gehängt.
Danach verbrannte man sie noch, um ganz sicherzugehen.

Zum Glück für die anderen armen, ungebildeten und etwas merkwürdigen Menschen in Genf war sie die letzte, die dort als Hexe hingerichtet wurde. Zumindest bis jetzt ...

Catherine Répond – «La Catillon» (1663–1731)
Der für Villargiroud zuständige Landvogt war ein schlechter Jäger. 1730 schoss er einem Fuchs in die Pfote, tötete ihn aber nicht. Als das Tier davonhumpelte, hörte der Landvogt angeblich eindeutig den Schmerzensruf: «Au! Mein Fuss!» Was merkwürdig war, denn die meisten Füchse können nicht sprechen.

Als der Landvogt nach Hause ritt, sah er Catherine Répond. So sah sie aus:

Warum er sicher war, eine Hexe vor sich zu haben:

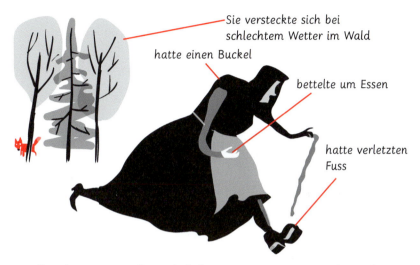

Klarer Fall, oder? Ganz offensichtlich war sie eine Hexe, die sich in einen Fuchs verwandeln konnte!

Der Landvogt liess sie verhaften und so lange foltern, bis sie gestand, dass sie auf einem Besenstiel zum Hexensabbat geflogen war. Man brachte sie nach Fribourg, befand sie der Hexerei für schuldig und erdrosselte sie. Ob der Landvogt, der angeblich einen Fuchs hatte sprechen hören, geistesgestört war, wurde allerdings nie hinterfragt.

Auch störte sich offensichtlich niemand daran, dass er ein ziemlich lausiger Schütze war

Anna Göldi (1734-1782)

Diese Frau ist wahrscheinlich die berühmteste «Hexe» der Schweiz. Anna stammte aus einer armen Familie und arbeitete als Magd.

Sie hatte zwei Kinder und war nicht verheiratet, also bekam sie, was sie «verdiente»

Sie wurde mitten im Dorf an den Pranger gestellt, wo jeder sie verspotten durfte.

Man nahm ihr die Kinder weg.

2 Kinder NICHT verheiratet

1780 fand Anna eine Stelle als Magd bei der Familie Tschudi. Herr Tschudi war ein reicher Politiker mit sehr viel Einfluss, der sich einen Spass daraus machte, Anna zu schikanieren. Ungefähr so hat sich das abgespielt …

Unter der Folter gestand Anna, einen Pakt mit dem Teufel geschlossen zu haben, der ihr als Hund erschienen sei. Nach der Folter zog sie das Geständnis zurück, aber es war zu spät. Obwohl das Zeitalter der Aufklärung bereits angebrochen war und man sich über Aberglauben lustig machte, wollten die Leute wenigstens noch einmal einen Hexenkopf rollen sehen. Und sie bekamen ihren Willen. Da tröstete es Anna auch nicht, dass sie 1782 als letzte Frau in der Schweiz als Hexe hingerichtet wurde.

Leute, wir haben doch schon die 1780er Jahre. Sind Folter und Enthauptung nicht langsam out?

Napoleon

Die Schweiz vor Napoleon

Kantone kämpfen gegen Kantone

Die Schweiz unter Napoleon

Kantone kämpfen gegen Franzosen

Die Schweiz nach Napoleon

Kantone kämpfen gegen Kantone

blöde Adlige

keine Nationalflagge

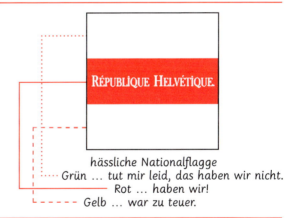

blöder Diktator

hässliche Nationalflagge
Grün ... tut mir leid, das haben wir nicht.
Rot ... haben wir!
Gelb ... war zu teuer.

blöde Politiker

Schweizerfahne

1798 marschierten französische Truppen in der schweizerischen Eidgenossenschaft ein. Das war nicht besonders schwer. Sie brauchten nur die östliche Landesgrenze zu überqueren, und dabei machte ihnen niemand grössere Scherereien. Viele Einwohner von Genf, Lausanne und Basel schauten einfach zu, wie die Soldaten durchzogen. Manche jubelten sogar. Es gab kein Blutvergiessen, keine Heldentaten, kein Kampfgetöse.

Angeordnet hatte den Einmarsch Napoleon Bonaparte, ein französischer Militärbefehlshaber und vielleicht der berühmteste Feldherr in der Geschichte. Napoleon war erfolgshungrig — und darauf erpicht, für sich und Frankreich ein grosses Stück vom Schweizer Kuchen abzubekommen.

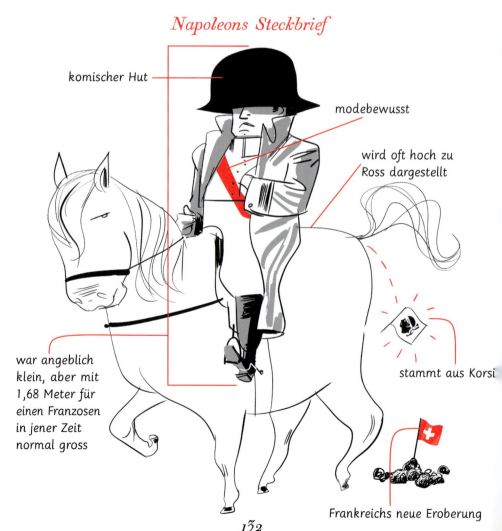

Napoleons Steckbrief

komischer Hut

modebewusst

wird oft hoch zu Ross dargestellt

war angeblich klein, aber mit 1,68 Meter für einen Franzosen in jener Zeit normal gross

stammt aus Korsi

Frankreichs neue Eroberung

Neun Jahre zuvor, 1789, hatte in Frankreich eine Revolution stattgefunden. Das Volk wollte einen Staat, in dem es Freiheit und Gleichheit für alle gab. Also vertrieb es die mächtigen und reichen Männer, die das Land beherrschten, stürzte die Monarchie und liess König Ludwig XVI. und Königin Marie-Antoinette enthaupten. Es heisst, König Ludwig hätte in der Guillotine ein bisschen herumgezappelt, deshalb habe ihn das Fallbeil nicht genau im Nacken getroffen, sondern seinen Hinterkopf bis zum Kinn gespalten. Autsch.

Der französische Staat wurde in eine Republik umgewandelt, in der alle frei und gleich waren.

1789: Kampf um Freiheit und Gleichheit für alle

Zu dieser Zeit genoss Napoleon allgemein ein hohes Ansehen in den Schweizer Kantonen, die es ebenfalls satthatten, von einer reichen, biederen Obrigkeit herumkommandiert zu werden. Als Napoleon im November 1797 zu einem Friedenskongress in Deutschland durch die Schweiz reiste, wurde er dort vielerorts von einer begeisterten Menge begrüsst.

Damals ahnte noch kaum jemand, dass Napoleon die Eroberung der Schweiz und die Machtübernahme längst geplant hatte. Dabei baute er auf die Hilfe zweier Schweizer, die mit den Verhältnissen in der Eidgenossenschaft unzufrieden waren: Frédéric-César de La Harpe und Peter Ochs.

Im Dezember 1797 traf sich Napoleon mit La Harpe (aus dem Kanton Waadt) und Peter Ochs (aus Basel) zum Essen. Gemeinsam schmiedeten sie Pläne für eine neue Schweizer Republik samt neuer Verfassung … und setzten sie dann in die Tat um.

Am 28. Dezember 1797 machten die Franzosen die Regierung in Bern darauf aufmerksam, dass sie die Waadt unter ihren Schutz stellen und zu diesem Zweck Truppen entsenden würden. Da die Regierung in Bern keine Unterstützung aus den Nachbarkantonen bekam, unternahm sie nichts dagegen. Und die Franzosen hatten dann auch leichtes Spiel, als sie Bern einnahmen.

Die Franzosen marschieren in Bern ein

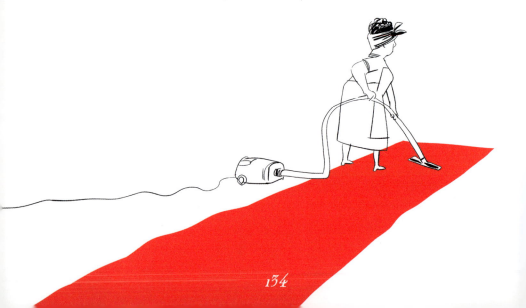

Leider kam die Nachricht, dass die Regierung in Bern die Situation stillschweigend hinnahm, nicht bei den Bauern im Berner Umland an … die daher wild entschlossen waren, ihre Heimat mit ihrem Leben zu verteidigen. Am nächsten Tag standen in Grauholz 6400 Bauern mit ihren Frauen und Kindern 18 000 vorrückenden französischen Soldaten gegenüber. Die armen Dörfler hatten nicht die geringste Chance und wurden binnen zweieinhalb Stunden niedergemetzelt.

2000 Schweizer wurden in der Schlacht am Grauholz massakriert

Napoleon benannte die Schweizer Eidgenossenschaft in *Helvetische Republik* um. Und danach organisierte er so ziemlich alles um. Er setzte eine neue, schicke Zentralregierung ein, samt Parlament und oberstem Gericht. Ausserdem erstellte er die erste Verfassung des Landes, wobei ihm seine Kumpel La Harpe und Ochs ein bisschen zur Hand gingen. So wurde das Land zum ersten Mal ein bürgerlicher, gut organisierter Staat, in dem alle (mehr oder weniger) gleich waren und das Volk seine eigenen Regierungsvertreter wählen und sogar über Änderungen an der Verfassung abstimmen durfte.

Was Napoleon noch einführte:

Pressefreiheit

einheitliche metrische Masse und Gewichte

einen zuverlässigen Postdienst

Na ja ... so zuverlässig, wie die Post eben sein kann.

die erste landesweite Währung

Napoleons Plan ging auf. Allerdings nur vorübergehend. Denn trotz all der guten Dinge, die er den Bürgern der neuen Helvetischen Republik bescherte, gab es auch einige Schattenseiten. Und davon gab es mit der Zeit immer mehr. In den folgenden fünf Jahren schaffte es die Helvetische Republik nicht, sich zu einem stabilen Staat zu entwickeln.

Schliesslich geriet die Lage vollends ausser Kontrolle. Die Wirtschaft brach zusammen. Hinzu kam, dass sich die Helvetische Republik an den Kriegen Frankreichs beteiligen musste, wann immer Frankreich es verlangte. Das bedeutete praktisch das Ende jeglicher Neutralität, auf die die Schweizer so grossen Wert gelegt hatten, und machte sehr viele Menschen sehr wütend. Auf dem Boden der Schweiz wurden nun Schlachten ausgetragen, die das Land verwüsteten und die Ernte vernichteten. Wie sollten die Bauern denn ihr Land bestellen, wenn dauernd Leute drübertrampelten und aufeinander schossen? Als es im Winter 1799/1800 zu einer Hungersnot kam, war klar, dass sich etwas ändern musste.

Napoleon hatte es satt, sich wegen jeder Kleinigkeit mit der Helvetischen Republik herumzuzanken, und beschloss daher 1802, die Regierung so umzugestalten, dass sie wieder so ähnlich war wie vor der französischen Besatzung.

Kurz darauf zog Napoleon seine Truppen zurück und überliess die Helvetische Republik sich selbst

Kaum hatte Napoleon die Helvetische Republik verlassen, spitzte sich die Lage noch mehr zu. Rebellen, die ihre «alte» Schweiz wiederhaben wollten, lieferten sich Kämpfe mit der neu gegründeten Armee der Helvetischen Republik. Da Napoleon bei seinem Abzug die meisten Geschütze mitgenommen hatte, waren die Aufständischen teilweise nur mit Stöcken und Knüppeln bewaffnet.

Der «Stecklikrieg» von 1802*

*Ja, er hiess wirklich so

Schliesslich wurde Napoleon klar, dass die Schweiz mit ihren verschiedenen Sprachen, Religionen und Kulturen von Natur aus nur ein Zusammenschluss von Kantonen sein konnte und nichts anderes. Im Oktober 1802 schloss Napoleon einen Kompromiss mit den Rebellen. In der darauffolgenden Zeit der «Mediation» (das heisst «Vermittlung», denn Napoleon trat als Vermittler zwischen den gegnerischen Kräften in der Schweiz auf) sorgte er dafür, dass die Macht der Zentralregierung weiter verringert, die der Kantone hingegen gestärkt wurde.

Die Helvetische Republik wurde aufgelöst, und die Mediationszeit begann im Februar 1803. Diese blieb bis 1813 in Kraft. (Da war Napoleon schon unterwegs, um Russland zu erobern, wo er allerdings eine kräftige Abreibung bekommen sollte.)

Napoleon war gar nicht sooo übel

Im Rahmen meiner Mediation:
- habe ich die Kantone zu einer Nation vereint
- eine schweizerische Staatsbürgerschaft eingeführt
- sechs neue Kantone hinzugefügt
- Ehen zwischen Menschen unterschiedlichen Glaubens gestattet
- das Bildungssystem verbessert
- für mehr öffentliche Dienstleistungen gesorgt
- Ausserdem garantierte ich:
  - die Gleichheit aller Bürger vor dem Gesetz
  - die Gleichheit der schweizerischen Landessprachen
  - die Freiheit des Denkens, der Rede und der Religion

1814 wurden die Verfassungen der Kantone neu geschrieben, wobei man die von Napoleon eingeführten Verbesserungen berücksichtigte.

Und als sich die Schweiz vierunddreissig Jahre später, im Jahr 1848, auch eine Bundesverfassung gab, beruhte diese ebenfalls auf verschiedenen Vereinbarungen, die auf Napoleons Mediation zurückgingen. So wurde aus der Helvetischen Republik die Schweiz, wie wir sie – mehr oder weniger – heute kennen.

Direkte

Demokratie

→ *Demokratie*

Schweizer Demokratie

Nachdem Napoleon 1802 aus dem Gebiet der damaligen Schweiz abgehauen war, war es kurze Zeit friedlich. Doch es dauerte nicht lange, und die Kämpfe zwischen den Kantonen flammten wieder auf. Es war ein bisschen wie in der Schule, wenn der Lehrer seine Klasse mal kurz allein lässt …

Totales Chaos

Nur dass der Lehrer (Monsieur Napoleon) nie so wirklich ins Klassenzimmer zurückkam. Das Land war ziemlich auf sich allein gestellt – ohne Herrscher, mit einer verkrachten Regierung und den unterschiedlichsten Vorstellungen davon, was als Nächstes getan werden müsste.

Die Frage, wie die neue Regierung des Landes aussehen sollte, spaltete die Schweizer im Wesentlichen in zwei Lager. Viele Kantone (insbesondere die reicheren Einwohner dort) wollten zu den Zuständen zurückkehren, wie sie vor Napoleon gewesen waren. Damals hatten die Reichen die Armen herumkommandiert, und jeder Kanton (insbesondere die reicheren Einwohner dort) konnte seine eigenen Regeln und Gesetze erlassen (sofern sie den Reichen nützten).

Andere Kantone hingegen, vor allem solche, die der Schweizerischen Eidgenossenschaft erst vor kurzem beigetreten waren, brachten neuere Ideen ein.

Sie wollten der Demokratie eine Chance und jedem <u>Mann</u> mehr Macht und Freiheiten geben

Nach jahrelangen Streitereien und Kriegen zwischen den Kantonen stand die Schweiz nun vor der Wahl.

Es gab viele Kämpfe und Auseinandersetzungen, aber 1848 hatte die Schweiz schliesslich ihre eigene Verfassung

In dieser wurde festgelegt, dass die Regierung kein übermächtiger Riese ist, der das ganze Land beherrscht. Stattdessen wird die Macht zwischen der Zentralregierung in Bern, den Kantonen, aus denen die Schweiz besteht, und den vielen Gemeinden in jedem Kanton geteilt.

Wann immer eine Entscheidung zu treffen ist, haben die Schweizer die Wahl, dafür oder dagegen zu stimmen. Dabei kann es sich auch um eine Änderung bestehender Gesetze handeln, die die Regierung erlassen hat. Die Schweizer haben sogar das Recht, ganz neue Gesetze vorzuschlagen, über die dann abgestimmt wird. Auf diese Weise bekommen «die kleinen Leute» die Macht über Gesetze, die sie betreffen. Das ist eine gute Sache.

Damit war 1848 die moderne Schweiz geboren. Bürger (allerdings nicht die Bürgerinnen) bekamen jede Menge Rechte und Freiheiten, egal wie arm oder reich sie waren. Es machte auch keinen Unterschied, ob sie in einer der grossen Städte oder in einem winzigen Dorf wohnten.

Die Schweiz wurde also zu einer direkten Demokratie. Aber was genau ist eine «direkte Demokratie»?

Hebt die Hand, wenn ich es euch erklären soll.

Cool. Indem ihr die Hand gehoben oder nicht gehoben habt, habt ihr gerade in Form von direkter Demokratie abgestimmt.

Bravo. Jetzt habt ihr es verstanden.

Gratuliere.

Ihr könnt die Hände wieder runternehmen.

Und damit ist das Kapitel beendet.

HA! ICH HAB EUCH REINGELEGT!

Direkte Demokratie ist nämlich ein bisschen komplizierter.

Betrachten wir zuerst das Wort «direkt.»
Das ist ja nicht schwer, oder? «Direkt» heisst …

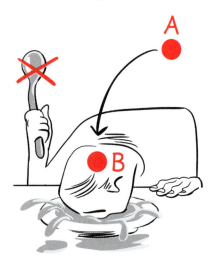

Als nächstes beschäftigen wir uns mit dem Begriff «Demokratie». Du weisst noch, was das ist? Wir haben gerade darüber geredet. Nicht schlappmachen, Leute!

Menschen, die in einer Demokratie leben, stimmen für oder gegen Dinge, die ihnen wichtig sind. Beispielsweise

- könnten Schüler im Sportunterricht darüber abstimmen, welches Ballspiel sie in der nächsten Stunde machen wollen
- könnte eine Familie darüber abstimmen, welche Stückli sie für ihr ungesundes Sonntagmorgenfrühstück einkaufen will
- könnten Bürger eines Landes über politische Fragen abstimmen

Demokratie leicht gemacht

1. Hänge oder köpfe einen König (falls einer zur Hand ist)

2. Rufe alle zusammen (und ich meine, wirklich alle – auch die Frauen)

3. Stell die Frage: Soll jeder an jedem Sonntag Glacé essen müssen?

4. Zähle die erhobenen Hände – das Resultat ist bestimmt positiv.

5. Zwinge alle, am Sonntag Glacé zu essen, und erzähle ihnen, wie nervig Könige sind

Jetzt fügen wir die beiden Begriffe zusammen. In einem Land gibt es eine «direkte Demokratie», wenn seine Bürger auf dem direktesten Weg und ohne Hindernisse über das abstimmen dürfen, was ihnen wichtig ist.

Was könnte ihnen im Weg stehen? Nun, um ehrlich zu sein, sind es meistens andere Leute.

Andere Formen der Demokratie:

Repräsentative Demokratie

Präsidialdemokratie

autoritäre Demokratie

Aliens

Wichtig ist zu wissen, dass die meisten Länder entweder proportionale oder mehrheitsbasierte Wahlsysteme haben. Nur die Schweiz, wild und wahnwitzig wie sie ist, muss sich eine Extrawurst braten und beides vermischen ... und es funktioniert sogar.

Noch eine coole Sache an der Schweizer Form der Demokratie ist, dass jeder – und ich meine, wirklich jeder – neue Gesetze oder Änderungen an bestehenden Gesetzen vorschlagen kann. Macht die Regierung selbst einen solchen Vorschlag, nennt man ihn «parlamentarische Initiative»: Kommt so ein Vorschlag von einem Schweizer Bürger – oder einer Gruppe von Bürgern –, heisst er «Volksinitiative», denn der erste Schritt dafür – die Initiative – geht vom Volk aus.

Volksinitiative

Die Schweizer stimmen über alles Mögliche ab. Viermal im Jahr werden allen Stimmberechtigten Wahlzettel zugeschickt. Darauf können sie ankreuzen, was sie wählen möchten. Die Termine für die Volksabstimmungen sind bereits bis 2038 festgelegt. Die Leute hier wählen wirklich für ihr Leben gern!

Neben den Abstimmungen über den üblichen Kram, der von der Regierung vorgeschlagen worden ist, sind zwischen 1893 und 2014 immerhin 192 Volksinitiativen durch die Schweizer Bürger zustande gekommen. Das ist keine Kleinigkeit.

Du meinst, du hast eine gute Idee für ein neues Gesetz? Dann mach dich erst mal auf eine Menge Arbeit gefasst.

Angenommen, deine Initiative lautet, dass alle Schweizer an Sonntagen Glacé essen MÜSSEN.

Dann hast du Folgendes zu tun:

1. Gründe ein Initiativkomitee, das aus mindestens 7 und höchstens 27 Bürgern besteht. Achte darauf, dass sie sich gut leiden können … und ebenfalls gern Glacé essen.

2. Schreib deine Initiative in einer der Landessprachen auf (Deutsch, Französisch oder Italienisch). Du musst dir vorstellen, dass du einen sehr langen Schulaufsatz verfasst, bei dem bis zu 27 Leute mitreden, was drinstehen soll. Aber das kriegst du schon hin, oder?

3. Nachdem du dem Bund deine Initiative vorgelegt hast und sie geprüft worden ist, gibt dir die Regierung 18 Monate Zeit, um 100 000 Unterschriften von anderen Bürgern zu sammeln, die ebenfalls wollen, dass jeder sonntags Eiscreme essen muss. Du glaubst, das ist einfach? Wenn du dich da mal nicht irrst …

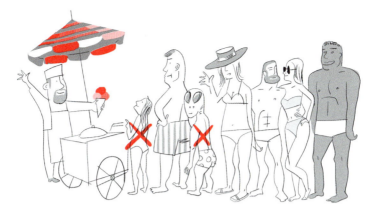

4. Die 100 000 Unterschriften müssen alle von Schweizer Bürgern stammen, die über 18 Jahre alt sind. Glacé-Liebhaber von auswärts oder Kinder bringen dir leider nichts.

5. Du musst damit rechnen, dass die Regierung Informationsmaterial an alle Stimmberechtigten schickt, in dem sie erklärt, warum sie sonntags kein Glacé essen sollten.

6. Mach dich darauf gefasst, dass es bis zu fünf Jahre dauern kann, ehe deine Glacé-Initiative zur Abstimmung steht. Hoffentlich hast du es nicht eilig.

Du möchtest wissen, wie die 192 zustande gekommenen Volksinitiativen ausgegangen sind?

97 wurden von den Wählern abgelehnt oder aus verschiedenen Gründen nicht von der Regierung zugelassen.

73 wurden von den Leuten, die sie vorgeschlagen haben, zurückgezogen.

Nur die restlichen 22 wurden durch eine Volksabstimmung zu Schweizer Gesetzen. Nur 22? Ähm, ja. Aber immerhin. Denn das heisst, dass sich die Schweizer Wähler mit ihrer Stimme 22 Mal direkt durchgesetzt haben.

Die meisten Initiativen hatten nichts mit Eiscreme zu tun. Genau genommen gar keine. Vielmehr ging es um langweiligere Dinge wie Gesundheitsversorgung, Steuern, Sozialleistungen, Drogenpolitik, öffentlichen Verkehr, Einwanderung oder Bildung.

Aber es waren auch einige schräge Initiativen dabei.
Schau mal, ob du sie erkennst …

Wahr oder falsch?

- Die erste erfolgreiche Volksinitiative von 1893 verbot das **SCHLACHTEN VON TIEREN OHNE VORHERIGE BETÄUBUNG**. Man durfte sich also nicht mehr einfach hinter ein Schwein schleichen und ihm den Schädel einschlagen!
- 1993 machte eine andere Volksinitiative den 1. August zum bundesweiten Feiertag. Endlich hatte die gesamte Schweizer Bevölkerung einen Tag arbeits- und schulfrei, um Feuerwerke zu zünden, sich um Lagerfeuer zu scharen und Schweinen den Schädel einzuschlagen (laut Gesetz erst, nachdem sie betäubt worden waren), um sie zu mehreren Millionen Cervelats (der Schweizer Lieblingswurst) zu verarbeiten und über dem Lagerfeuer zu grillen.
- Eine Initiative zur Verlängerung des Urlaubs aller Schweizer auf sechs Wochen (statt nur vier Wochen) wurde 2012 vorgelegt und von allen 26 Kantonen abgelehnt, woraufhin sich der Rest der Welt am Kopf kratzte. Ernsthaft? Wer hat denn was gegen Ferien?

- 1978 stimmte das Land gegen die Umstellung auf Sommer- und Winterzeit, also dass die Uhren im Frühjahr eine Stunde vor- und im Herbst eine Stunde zurückgestellt werden, um das Tageslicht besser ausnutzen zu können. Die Schweizer Wähler lehnten ab, unter anderem weil eine Zeitumstellung die Kühe verwirren würde, die an ihre Melkzeiten gewöhnt seien. Trotzdem führte die Regierung die Zeitumstellung ein. Es gibt Gerüchte, dass die Kühe planen, diese Entscheidung mit einer Initiative ihrerseits rückgängig zu machen …

Ich hab dich reingelegt! Alle diese Initiativen gab es wirklich!

Lächerlich, aber wahr

Die Frauen der Schweiz hatten bis 1971 auf Bundesebene kein Stimmrecht. Man wollte dies zwar 1959 ändern – der Vorschlag wurde aber von den (männlichen) Wählern abgelehnt. Die Befürworterinnen argumentierten und protestierten jedoch solange, bis das Stimm- und Wahlrecht auf Bundesebene gesetzlich eingeführt worden war.

Obwohl die Frauen auf Bundesebene seit 1971 das Stimmrecht hatten, liessen die Halbkantone Appenzell Ausserrhoden und Appenzell Innerrhoden Frauen auf Kantons- und Gemeindeebene immer noch nicht wählen. Erst nachdem das Schweizerische Bundesgericht eingegriffen hat, haben alle Schweizerinnen seit 1990 das Recht, bei allen Wahlen mitzustimmen.

Es klingt merkwürdig, aber der Hauptgrund dafür, dass Frauen demokratische Rechte erst so spät zugestanden worden sind, war die direkte Demokratie selbst. Denn nachdem die Initiative für das Frauenstimmrecht auf den Abstimmungszettel gelangt war, mussten ja die Männer darüber abstimmen. Noch irgendwelche Fragen?

Sprachen-wirrwarr

Hochdeutsch
A. Hallo
B. Kopf
C. Hirn
D. Mund, Maul
E. Gesäss
F. Rülpser
G. Brösel
H. Furz
I. Käsefüsse

Schweizerdeutsch
A. Grüezi
B. Chopf
C. Hirni
D. Muul
E. Füdli
F. Görbse
G. Brosmeli
H. Furzli
I. Chäsfüess

Französisch
A. Bonjour
B. Tête
C. Cerveau
D. Bouche
E. Fesses
F. Rot
G. Les miettes
H. Petit pet
I. Pieds puants

Italienisch
A. Ciao
B. Testa
C. Cervello
D. Bocca
E. Natiche
F. Rutto
G. Briciole
H. Piccolo scoreggia
I. Piedi puzzolenti

Rätoromanisch
A. allegra
B. chau
C. tscharvè
D. bocca
E. chül
F. rupch
G. miclas
H. tof
I. pês chi spüzzan da chaschöl

Die Sprachen der Schweiz

Die Schweiz ist ein Bund aus sechsundzwanzig Kantonen, die sich irgendwann im Lauf ihrer Geschichte der Schweizerischen Eidgenossenschaft angeschlossen haben. Seit 1815 sind die Grenzen der Schweiz, die bis dahin noch wacklig waren, so festgelegt, wie wir sie heute kennen und lieben. Das Ergebnis ist ein Mischmasch aus verschiedenen Volksgruppen, die vier verschiedene Sprachen sprechen – dazu unzählige Dialekte – und sich auch in ihrer Kultur stark voneinander unterscheiden. Doch sie alle bezeichnen sich als Schweizerinnen und Schweizer.

Die Mehrheit von ihnen spricht Deutsch als Hauptsprache, satte 63 % der Bevölkerung. Kein Wunder, dass sich die anderen Sprachgruppen zahlenmässig unterlegen und unterdrückt fühlen. Nur 23 % der Schweizer sprechen Französisch, 8,2 % Italienisch und eine winzige Minderheit von 0,5 % Rätoromanisch. Da ist es verständlich, dass sich die eine Gruppe gern mal über eine andere aufregt und über sie lästert.

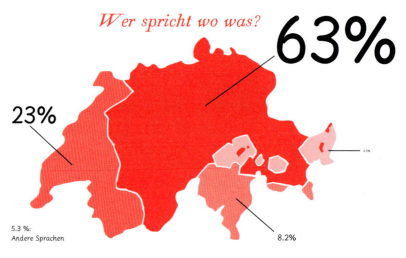

Wer spricht wo was?

63%
23%
0.5%
8.2%
5.3 %: Andere Sprachen

Ja, es gibt tatsächlich ab und zu ein bisschen Unmut und eine Menge Witze über «die anderen». Aber im Grossen und Ganzen kommt man miteinander aus. Na ja, meistens. Doch wie äussert sich der Ärger über «die anderen» im Land?

Ob du es glaubst oder nicht: anhand der Autokennzeichen. Jedes Nummernschild beginnt mit einer Abkürzung für den Kanton, in dem das Fahrzeug angemeldet ist. So hat zum Beispiel ein Auto aus Zürich das Kürzel ZH. Das Kennzeichen für ein Auto aus Uri hingegen fängt mit UR an, und so weiter.

Viele Schweizer machen sich gern über diese Abkürzungen auf den Nummernschildern lustig. Du bist sauer auf einen Fahrer aus dem Aargau? Denk daran, was das Nummernschild-Kürzel AG in der ausgeschriebenen Form bedeutet, die sich irgendein Scherzbold ausgedacht hat, und schon geht es dir besser. Hier sind ein paar Beispiele (in Schweizerdeutsch, wie man es in Zürich spricht):

1. Zürich – ZH – *Zwenig Hirni* = zu wenig Hirn
2. Bern – BE – *Bin igschlafe* = bin eingeschlafen
3. Luzern – LU – *Löli unterwägs* = Idiot unterwegs
4. Uri – UR – *Unfähige Raser* = unfähiger Raser
5. Schwyz – SZ – *Schweinezüchter* = Schweinezüchter
6. Obwalden – OW – *Ohni Wort* = ohne Worte
7. Nidwalden – NW – *Nüd-Wüsser* = Nichtswisser
8. Glarus – GL – *Ghirnlos* = hirnlos
9. Zug – ZG – *Zuedröhnt* = zugedröhnt
10. Freiburg - FR – *fahrender Rambos* = fahrender Rambo
11. Solothurn – SO – *Soiniggel* = Widerling
12. Basel-Stadt – BS – *Bald Schrott* = bald Schrott
13. Basel-Landschaft – BL – *Blöde Lulatsch* = blöder Lulatsch
14. Schaffhausen – SH – *Sauhund* = Sauhund
15. Appenzell Ausserrhoden – AR – *Altä Raser* = alter Raser
16. Appenzell Innerrhoden – AI – *Altä Idiot* = alter Idiot
17. St. Gallen – SG – *Sonagloown* = was für ein Clown
18. Graubünden – GR – *Gebirgsraser* = Gebirgsraser
19. Aargau – AG – *Achtung, Gfahr!* = Achtung, Gefahr!
20. Thurgau – TG – *Taube Gloown* = tauber Clown
21. Ticino – TI – *Totale Idiot* = totaler Idiot
22. Vaud – VD – *Völlig doof* = völlig doof
23. Wallis – VS – *Völlig scheisse* = völlig scheisse
24. Neuchatel – NE – *Nöd ischlafe* = nicht einschlafen
25. Genf – GE – *Gstörte Eselstriber* = gestörter Eselstreiber
26. Jura – JU – *Junge Unruhestifter* = junger Unruhestifter

Das sind nur einige Beispiele ... und wahrscheinlich noch die höflicheren! Es gibt zweifellos auch unfreundlichere Umbenennungen. Sowas können wir aber nicht abdrucken ...

Wenn du schon einmal gehört hast, wie jemand schweizerisches Französisch oder schweizerisches Italienisch spricht, ist dir vielleicht aufgefallen, dass es kaum anders klingt als das, was du in Frankreich oder Italien zu hören bekommst. Ein paar Abweichungen gibt es zwar, aber nur geringe. Schweizerdeutsch dagegen ist für die meisten Deutschen ziemlich unverständlich, sofern sie nicht in der Nähe der Schweizer Grenze leben.

Wie Schweizerdeutsch für die Deutschen klingt

Können Sie mir den Weg zum Matterhorn erklären?

Iu. Horu.

Ähm, ich glaube, ich habe Sie nicht verstanden …

Äbedeschogäuhautimmerahi.

Matterhorn?

Moudescho.

Ähm. Danke trotzdem.

Ade.

Der schweizerdeutsche Namensgenerator

Willst du dich ein bisschen auf Schweizerdeutsch amüsieren (in diesem Fall mit dem Züricher Dialekt)? Nimm den Anfangsbuchstaben deines Vornamens und such das dazugehörige Wort in der linken Spalte. Dann machst du das Gleiche mit deinem Nachnamen und der rechten Spalte. Schau, was dabei herauskommt.

Beispiele: Aus Laurie Theurer wird *chützeligs Hüehnli* oder «kitzliges Hühnchen».

Aus Justin Bieber wird *agfurzts Tomätli* oder «angefurzte Tomate».

A	Blöds (blödes)		A	Müüsli (Maus)
B	Riisigs (riesiges)		B	Tomätli (Tomate)
C	Chotzigs (kotziges)		C	Chueli (Kuh)
D	Fuuls (faules)		D	Tubbeli (Trottel)
E	Halbschlaus (halbschlaues)		E	Eseli (Esel)
F	Schnuderigs (rotzfreches)		F	Rüebli (Karotte)
G	Erbrochnigs (erbrochenes)		G	Büebli (Bub)
H	Chliises (kleines)		H	Geissli (Ziege)
I	Dumms (dummes)		I	Löffeli (Löffel)
J	Agfurzts (angefurztes)		J	Tüüfeli (Teufel)
K	Luschigts (lustiges)		K	Hundli (Hund)
L	Chützeligs (kitzliges)		L	Chäferli (Käfer)
M	Grusigs (widerliches)		M	Eili (Ei)

N	Früündlichs (freundliches)		N	Chuchichäschtli (Küchenschrank)
O	Bösi (böses)		O	Lööli (Depp)
P	Gfrornigs (gefrorenes)		P	Säuli (Ferkel)
Q	Gmüetlichs (gemütliches)		Q	Znüni (zweites Frühstück)
R	Stinkigs (stinkendes)		R	Bibeli (Küken)
S	Müeds (müdes)		S	Banänli (Banane)
T	Abislets (angepisstes)		T	Hüehnli (Huhn)
U	Gfürchigs (gruseliges)		U	Abfallsäckli (Mülltüte)
V	Schöns (schönes)		V	Bettmümpfeli (Betthupferl)
W	Schüchs (schüchternes)		W	Chatzli (Katze)
X	Agwiderets (ekliges)		X	Chüechli (Kuchen)
Y	Doofs (doofes)		Y	Büggeli (Pickel)
Z	Fürchterlichs (fürchterliches)		Z	Würmli (Wurm)

Die schaffige S

Acht Dinge, die die Schweizer erst seit der Industrialisierung haben

Eisenbahnen

Geräte, die das Leben erleichtern

Fast food

Schokoladentafeln

...weizer Industrie

Kinderarbeit in Fabriken

Energie aus Wasserkraft

Tolle Maschinen, die Kinder schneller arbeiten lassen

Chemiefabriken

Die Schweiz gehört zu den am frühesten industrialisierten Ländern. Das bedeutet, die Schweizer waren im 19. Jahrhundert mit die Ersten, die Fabriken bauten und Maschinen benutzten, um Waren herzustellen oder Arbeiten zu erledigen. Welche Waren und welche Arbeiten? Solche, die dazu dienten, den Menschen damals — und heute auch dir — das Leben einfacher und bequemer zu machen.

«Und was genau hat das mit mir zu tun?», fragst du.

Schau dich mal um ...

Beinahe alles, was du anziehst, was du isst oder was du benutzt, um von einem Ort zu einem anderen zu gelangen, ist in irgendeiner Fabrik hergestellt worden

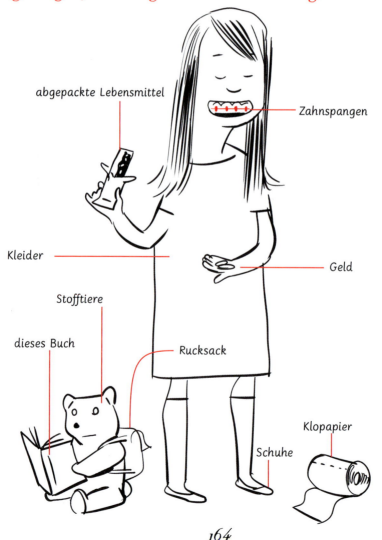

Vor der Industriellen Revolution musste alles von Hand hergestellt werden. Kleider, Schuhe, Häuser, Lebensmittel ... alles! Wenn man es nicht selbst herstellte – oder von jemandem kaufte, der es selbst hergestellt hatte –, dann gab es das eben nicht.

Manchmal ist «das» aber auch zu viel des Guten

Grossbritannien war der Vorreiter der Industrialisierung in Europa. Die Briten hatten überall auf der Welt Kolonien, die ihnen die Rohstoffe für die Weiterverarbeitung in ihrem Heimatland lieferten. Ausserdem unterhielten sie glänzende Handelsbeziehungen zu vielen anderen Ländern, von denen sie die Rohstoffe bekommen konnten, die es in den Kolonien nicht gab. Ein weiterer Vorteil war, dass Grossbritannien riesige Vorkommen an Kohle besass, mit der sich die neuen Maschinen antreiben liessen. So wurde Grossbritannien im 18. und 19. Jahrhundert zur treibenden Kraft der Industrialisierung.

Warum England reicher war

– Baumwolle aus Nordamerika
– Elfenbeinknöpfe aus Afrika
– hergestellt in Irland
– Webmaschinen aus South London
– angetrieben mit Kohle aus South Yorkshire

– aus dem Kanton Zürich

Was die Entwicklung der Industrie betraf, war die Schweiz nicht viel später dran als Grossbritannien ... aber die Schweiz besass keine Kolonien, hatte kaum Kohle, die man abbauen und verfeuern konnte, und auch nicht die richtigen Rohstoffe, mit denen sich in den Fabriken etwas anfangen liess. Genau genommen fehlte es der Schweiz an allem, was man normalerweise brauchte, um im Industriezeitalter erfolgreich zu sein.

Die wichtigsten Rohstoffe der Schweiz

Granit und Kalkstein

Salz

Wälder

Aber dafür hatte die Schweiz etwas viel Wichtigeres ... fleissige und arbeitsame Menschen und Erfindergeist – und ein bisschen Dusel.

Nehmen wir zum Beispiel die Textilherstellung. Bis 1800 gab es diese in der Schweiz nur als Heimgewerbe.

«Heimgewerbe» bedeutet im Grunde, dass die Waren bei den Leuten zu Hause hergestellt wurden anstatt in einer Fabrik. Damals verdienten sich viele Bauernfamilien in der Schweiz etwas dazu, indem sie zu Hause Wollstoffe oder Stickereien herstellten. Doch das änderte sich mit der Industrialisierung.

Die erste Spinnmaschine wurde 1764 in Grossbritannien erfunden, und plötzlich konnte man mit Maschinen Kleiderstoffe viel schneller und billiger herstellen als durch Handarbeit. Daraufhin liessen einige Schweizer Unternehmen ein paar von diesen Maschinen von Grossbritannien in die Schweiz bringen – und sie sollten es nicht bereuen.

Die ersten mechanischen Spinnereien mit britischen Maschinen wurden 1801 in St. Gallen und 1802 in Zürich gegründet ... die Schweiz war auf einem guten Weg. Und dazu hatte sie auch noch Glück.

In den ersten Jahren des 19. Jahrhunderts stand die Schweiz unter der Besatzung Napoleons, der immer noch mit seinen Eroberungsfeldzügen quer durch ganz Europa beschäftigt war. Eines der wenigen Länder, das er noch nicht «einkassiert» hatte, war Grossbritannien ... und das wollte er unbedingt haben.

Ein Ärgernis für Napoleon und ein Segen für die Schweiz

Um Grossbritannien zu schwächen, verhängte Napoleon 1806 die «Kontinentalsperre». Im Grunde bedeutete das, dass von keinem europäischen Hafen aus Handel mit Grossbritannien getrieben werden durfte und britische Unternehmen somit keine Geschäfte im Ausland mehr machen konnten. Denn Napoleon glaubte, wenn die Wirtschaft Grossbritanniens zusammenbräche, wäre das Land angreifbarer und leichter zu erobern.

Napoleon

Nach sechs siegreichen Jahren wendete sich das Blatt für Napoleon. Indem er ab 1812 Krieg gegen Russland führte, beging er einen der schwersten Fehler in der Militärgeschichte. Die Folge? Eine verheerende Niederlage für ihn – und das Ende der Kontinentalsperre. Seine letzte grosse Schlappe erlitt Napoleon 1815 in Waterloo. Daraufhin wurde er entmachtet und ins Exil verbannt, wo er 1821 einen jämmerlichen Tod starb. Tja.

Doch für die Schweizer bedeutete Napoleons sechsjährige Kontinentalsperre Glück im Unglück. Britische Baumwollstoffe und Textilien waren plötzlich nicht mehr zu haben. Diese Marktlücke musste jemand füllen … also warum nicht die Schweizer? Und da sie keine Spinnmaschinen mehr aus Grossbritannien einführen konnten, stellten sie eben notgedrungen eigene her.

Es zeigte sich auch, dass die Schweizer gut und gern auf schmutzige Kohlekraft als Antrieb für ihre Maschinen verzichten konnten, denn sie besassen etwas, was Grossbritannien fehlte: Berge, von denen das Wasser nur so herunterrauscht. Sie tüftelten Methoden aus, wie man diese Energie nutzen konnte, und betrieben damit ihre Fabriken. Coole Sache, oder?

Nun waren die Schweizer also Experten in der Erfindung und Herstellung von Maschinen und hatten zudem eine saubere und verlässliche Energiequelle, um diese Maschinen anzutreiben. Das Geschäft blühte. Die Einkünfte stiegen. Die Zukunft sah rosig aus.

Die Industrialisierung ging in der Schweiz mit Riesenschritten voran. Je mehr Textilfabriken es gab, desto mehr verlangten die Leute nach neuen Farben für ihre Stoffe. Man will ja nicht immer nur beige tragen, stimmt's? So schossen bald neue Chemiefabriken aus dem Boden, die Farben produzierten, und zwar in Basel am Rhein, weil man für die Farbenherstellung viel Wasser braucht.

Bevor die Chemieindustrie ins Spiel kam

Und das war erst der Anfang. Das grosse Geld verdiente die Chemieindustrie nicht damit, dass sie den Menschen hübsche Farben bescherte, sondern indem sie Kranken dabei half, wieder gesund zu werden.

Was tut man, wenn man krank ist? Erbrechen? Vielleicht. Schniefen, rotzen, husten? Wahrscheinlich. Eine Medizin nehmen, damit es einem bessergeht? Heute mag das so sein, aber wohl kaum vor der Industrialisierung. Denn damals musste man sich mit sehr viel weniger Medikamenten begnügen, um – vielleicht – wieder gesund zu werden. Hast du gewusst, dass es viele Medikamente, die wir heute ganz selbstverständlich benutzen, vielleicht gar nicht gäbe, wenn die Industrialisierung nicht in Basel angekommen wäre? Basel ist heute ein wichtiger Produktionsort der pharmazeutischen Industrie – also von Medikamenten.

Für ihre Uhren war die Schweiz bereits seit dem 16. Jahrhundert berühmt, aber weil man jetzt neue und bessere Maschinen und mehr Rohmetalle zur Verfügung hatte, erlebte auch die Uhrenindustrie einen beträchtlichen Aufschwung. Im Jahr 1850 stellte die Schweiz mehr als zwei Millionen Uhren pro Jahr her. Und was täte die Welt ohne die sündhaft teuren Schweizer Uhren? Oder ohne die megaschicken Swatch-Uhren?

Schweizer Fortschritt

Bis in die 1840er Jahre gab es in der Schweiz kein nennenswertes Eisenbahnnetz. Das änderte sich durch einen Mann namens Alfred Escher. Nach einem sechsmonatigen Aufenthalt in Paris 1843 erkannte Escher, dass die Schweiz dem übrigen Europa weit hinterherhinkte und sich selbst schadete, wenn sie kein Eisenbahnnetz hatte. Denn Züge konnten Materialen von einer Fabrik zur anderen und Menschen von einer Stadt zur anderen befördern und die Wirtschaft des Landes insgesamt voranbringen. Also arbeitete Escher einen Plan aus und setzte durch, dass in der ganzen Schweiz Bahnstrecken und Tunnel gebaut wurden. Zudem gründete er die erste grössere Bank der Schweiz, die zur Finanzierung des Eisenbahnbaus beitrug … die Bank heisst heute Credit Suisse und ist eine der grössten der Welt. Bis 1864 hatte sich, nicht zuletzt auf

Eschers Betreiben hin, das Schienennetz der Schweiz von 38 auf 1300 Kilometer vergrössert. Das kann sich sehen lassen, oder? 1898 entschied die Schweizer Regierung, die fünf grössten Bahnunternehmen aufzukaufen, und gründete 1902 die Schweizerischen Bundesbahnen (SBB).

Die Schweiz fuhr auf der Erfolgsspur, die Industrie wuchs und gedieh, das Leben war wunderbar ... nur leider nicht für alle.

Die Industrialisierung hatte auch ihre Schattenseiten.

Während die Fabrikbesitzer immer reicher wurden, verdienten zwar auch die Arbeiter Geld, doch sie mussten immer länger dafür arbeiten. Zu der Zeit war noch nicht gesetzlich vorgeschrieben, wie lang die tägliche Arbeitszeit eines Menschen sein durfte. Auch Urlaubstage oder Krankschreibungen gab es nicht. Und was vielleicht das Schlimmste von allem war: Es gab auch kein Gesetz, das ein Mindestalter zum Arbeiten vorschrieb. Und so war Kinderarbeit etwas ganz Normales.

Als Arbeit noch nicht gesetzlich geregelt war

Früher war es in der Schweiz üblich gewesen, dass Kinder auf dem Bauernhof, in der Werkstatt oder zu Hause mithalfen, so gut sie es eben in ihrem Alter konnten. Daran änderte sich auch nichts, als die Industrialisierung in der Schweiz begann. Die Eltern erwarteten von ihren Kindern nach wie vor, dass sie mitarbeiteten – allerdings wurde es jetzt für die Kinder sehr, sehr viel härter.

Je mehr Fabriken entstanden, desto mehr wuchs der Bedarf nach Arbeitskräften. Kinder waren gezwungen, genauso lang zu arbeiten wie ihre Eltern, und es gab nur wenige Schutzvorkehrungen für sie, wie etwa Schutzkleidung oder Ruhezeiten. Sie hatten nicht einmal die Möglichkeit, zur Schule zu gehen. In den Textilfabriken am Aabach östlich von Zürich war ungefähr ein Drittel der Arbeiter jünger als sechzehn Jahre. Kinder, deren Eltern Webstühle oder Stickmaschinen zu Hause hatten, mussten dort ebenfalls jeden Tag arbeiten. Zeit zum Spielen? Vergesst es, Kinder.

Weil sie gelenkig waren und kleinere Finger hatten, mussten Kinder in den Textilfabriken oft unter die Webmaschinen kriechen und Fadenspindeln auswechseln.

Das war eine gefährliche Arbeit, und viele von ihnen verloren dabei Finger oder sogar eine Hand

Es dauerte eine Weile, doch irgendwann wurde die Empörung über die Arbeitsbedingungen für Minderjährige zu gross. Fabrikinspektoren stellten bei vielen Kindern Rückgratverkrümmungen, Sehschäden und allgemeine Erschöpfung fest. Also wurden Gesetze erlassen, nämlich …

1815: Zürich
«Verordnung wegen der minderjährigen Jugend überhaupt und an den Spinnmaschinen besonders»: Fortan durften Kinder ab dem Alter von neun Jahren höchstens vierzehn Stunden pro Tag an den Spinnmaschinen arbeiten, anstatt wie bisher sechzehn Stunden. Zwei Stunden weniger, toll! Leider wurde diese Verordnung nie umgesetzt, die Kinder mussten so lang arbeiten wie vorher auch. Aber es war immerhin ein Anfang.

1837: Zürich
In der vom Grossen Rat von Zürich erlassenen Bestimmung zur Kinderarbeit wurde die Beschäftigung von schulpflichtigen Kindern in Fabriken verboten. Schade, dass diese Regelung nicht auch anderswo in Kraft trat. Aber es war ein Fortschritt.

1842: Aargau
Das Parlament sprach sich gegen eine Arbeitszeitbegrenzung für Kinder aus. Ein herber Rückschlag.

1846: Glarus
Beschränkung der Arbeitszeit von Erwachsenen auf 15 Stunden pro Tag und der Arbeitszeit von Kindern, die jünger als 14 Jahre waren, auf 14 Stunden pro Tag. Ein weiterer (kleiner) Schritt voran.

1858: Glarus
Allgemeines Verbot von Sonntagsarbeit. Ein grosser Fortschritt!

1864: Glarus
Verringerung der täglichen Arbeitszeit auf 12 Stunden, ein für alle geltendes Verbot von Nachtarbeit (also zwischen acht Uhr abends und fünf Uhr morgens) sowie das Verbot, Kinder unter 12 Jahren zu beschäftigen. Frauen hatten nach einer Geburt Anspruch auf sechs Wochen Urlaub.

1872: Glarus
11-Stunden-Arbeitstag für alle. Noch ein Fortschritt.

1877

Das für die gesamte Schweiz geltende «Bundesfabrikgesetz» regelte erstmals landesweit die Arbeit in Fabriken und ersetzte sämtliche Bestimmungen, die du oben gelesen hast. Nach dem Vorbild des 1872 erlassenen Fabrikgesetzes des Kantons Glarus durften Kinder unter vierzehn Jahren künftig eine Fabrik nicht einmal mehr betreten. Das war gut gemeint, funktionierte allerdings nicht so ganz. Denn das Gesetz verhinderte beispielsweise nicht, dass Kinder ausserhalb von Fabriken zum Arbeiten gezwungen wurden. Dumme Sache. Die Fabrikbesitzer lagerten einfach eine Menge Arbeiten aus, die man auch zu Hause erledigen konnte … was hiess, dass die Kinder jeden Alters und zu allen Tageszeiten daheim im finsteren Keller schuften mussten. Dazu kam, dass laut dem neuen Gesetz alle Kinder tatsächlich zur Schule gehen mussten. Also waren die Kinder gezwungen, sowohl die Schule zu besuchen als auch lange zu arbeiten … oft bis tief in die Nacht. Nicht selten waren sie so erschöpft, dass sie schlafend von den Eltern oder den Geschwistern zum Arbeitsplatz getragen wurden, damit sie früh morgens vor der Schule noch ihre Arbeitsschicht einlegen konnten.

Der typische Tagesablauf für ein Schweizer «Fabrikkind» im Jahr 1877

5:30: Arbeiten

8:00: zur Schule gehen

12:00: Mittagessen (das auch mal ausfiel … je nachdem …)

12:15: Arbeiten

13:00: wieder zurück in die Schule

16:00: Arbeiten

20:00: Abendessen

Restliche Zeit: Arbeiten bis in die Nacht

Doch Überanstrengung war nicht die einzige Gefahr für ihre Gesundheit. Die durchschnittliche Lebenserwartung eines Fabrikarbeiters lag bei gerade einmal 35 Jahren.

Auf was für scheussliche Arten man in der Fabrik sterben konnte

durch Entzündungen am Fuss

durch Lungenkrankheiten

durch Misshandlungen

Auch nachdem das Gesetz 1877 verabschiedet worden war, dauerte es noch etwa 20 Jahre, bis sich alle Fabrikbesitzer daran hielten.

Endlich keine Kinderarbeit mehr!
Ausser zu Hause

Der Berg ruft –

von Anbeginn
der Zeit – ca. 1555

ca. 1555–1864

Wie sich das Bergsteigen entwickelt hat

Das Goldene Zeitalter des Alpinismus

1864 – Heute

Zukunft

Seit Anbeginn der Zeit waren die Berge für die Bewohner der Schweiz etwas, das sie sowohl bestaunten als auch fürchteten. Bis Mitte des 19. Jahrhunderts hätten sich die meisten Schweizer nicht getraut, richtig hoch in die Berge zu gehen.

Das alles änderte sich in der Schweiz nach 1850 – was viel mit reichen Briten und der Industriellen Revolution zu tun hatte.

Moment mal. Wie bitte? Was hatten die Briten mit dem Verhältnis der Schweizer zu ihren Bergen zu tun?

Industrielle Revolution bedeutet, dass die Menschen zu dieser Zeit viele Maschinen erfanden, die ihnen Arbeit abnahmen. Ganz viel mühsame Arbeit, die Menschen bisher von Hand erledigt hatten, konnte von diesen Maschinen in Fabriken erledigt werden. Und so veränderte sich auch die Art und Weise, wie Menschen arbeiteten und wie lange sie arbeiten mussten. Ausserdem wurden viele Fabrikbesitzer dabei sehr, sehr reich.

Die Industrielle Revolution begann zuerst in England, sie kam erst später in die Schweiz. Etliche reich gewordene Briten hatten deshalb eine Menge Zeit und Geld. Und sie waren auf der Suche nach neuen Herausforderungen.

Bergsteigen in Grossbritannien war nicht mehr Herausforderung genug

England selbst ist ein Land ohne richtig hohe Berge. Wenn jemand nicht nur den nächsten sanften grünen Hügel erklettern wollte, musste er oder sie anderswo nach etwas Aufregenderem Ausschau halten. Also nichts wie auf in die Schweiz, wo viele, ja wirklich *unglaublich* viele hohe Berge nur darauf warteten, dass jemand sie bezwang.

Bis dahin hatten sich nur die schweizerischen Bauern auf den Bergpfaden ausgekannt – zumindest wussten sie, wie und wo sie ihr Vieh zu dem süssen Gras der Alpen treiben oder wo man gut jagen konnte.

Manchmal ist es gut, eine Kuh zu sein

Manchmal ist es doof, eine Kuh zu sein

Plötzlich wollten haufenweise britische Forscher die Schweizer Berge besteigen … und jeder wollte der erste sein, der den Gipfel bezwang, es war immer das gleiche Theater. Denn nur, wer der erste war, wurde wirklich berühmt. In ihrer Gier nach Ruhm waren die Briten bereit, eine Menge Geld an die Leute zu zahlen, die sich am besten in den Schweizer Bergen auskannten. Also wurden die ansässigen Jäger und Bauern als Bergführer angeheuert. Der Wettlauf um Ruhm in Grossbritannien (und ein Einkommen als Schweizer Bergführer) war offiziell eröffnet. Wobei die Schweizer nicht abgeneigt waren, sich ein solches Zubrot zu verdienen. Plötzlich erschienen ihnen die Berggipfel gar nicht mehr so furchteinflössend. Schweizer Bauern und Jäger fingen an zu klettern, um die Briten zu den Gipfeln zu bringen. Und die Naturforscher wollten im Namen der Wissenschaft immer höher hinaus.

Das Goldene Zeitalter des Alpinismus

Alfred Wills war in England und Wales ein hoher, angesehener Richter, der ganz verrückt aufs Bergsteigen war … und auch das nötige Geld dazu hatte. Also nahm er Schweizer Gämsenjäger in seine Dienste, um mit ihrer Hilfe 1854 den Gipfel des Wetterhorns zu erklimmen. Natürlich liessen sich die Gämsenjäger die Gelegenheit, sich etwas dazuzuverdienen, nicht entgehen. Sie nannten sich fortan «Bergführer» und zogen mit Wills aufs Wetterhorn hinauf. Und während der ganzen Zeit des Aufstiegs «vergassen» sie Wills zu erzählen, dass sie vor zehn Jahren schon einmal auf dem Gipfel des Wetterhorns gewesen waren.

Sie bekamen ihr Geld und Wills den Ruhm. Alle waren glücklich und zufrieden:

Als die Nachricht die Runde machte, dass Wills das Wetterhorn bezwungen hatte, wollten haufenweise Leute aus aller Welt auch so etwas tun. Im Lauf der nächsten zehn Jahre wurden Dutzende Alpengipfel von Abenteurern und ihren Schweizer Bergführern erobert. Die Abenteurer schrieben eine Menge (ja, wirklich sehr, sehr viele) Bücher über ihre mannhaften Heldentaten. Leider schrieben die Schweizer Bergführer der damaligen Zeit kaum etwas übers Bergsteigen. Sie waren zu sehr damit beschäftigt, die Abenteurer auf die Gipfel und wieder ins Tal zu bringen.

Schweizer Bergführer-Preisliste

Hinauf und hinunter: 100 Franken
Nur hinauf: 10 Franken

Und so endete das Goldene Zeitalter des Alpinismus

Ein junger britischer Abenteurer namens Edward Whymper finanzierte 1865 die erste erfolgreiche Besteigung des Matterhorns, einer der letzten Schweizer Gipfel, der noch nicht bezwungen war.

Mit ein paar Bergkameraden heuerte er einige Bergführer an, mit denen sie von der Schweizer Seite aus aufstiegen. Sie hofften, den Gipfel vor einer anderen Seilschaft zu erreichen, die gerade auf der italienischen Seite loszog. Es war buchstäblich ein Gipfelrennen.

Whymper und seine Seilschaft schafften es mit einem kleinen Vorsprung auf den höchsten Punkt. Sie feierten ein bisschen und sahen dann, dass die italienischen Bergsteiger nur etwa 150 Meter unter ihnen waren. Damit die Italiener unmissverständlich merkten, dass sie den Wettlauf verloren hatten, brüllten sie zu ihnen hinunter und warfen ihnen ein paar Steinbrocken auf die Köpfe. In Panik machte die italienische Seilschaft kehrt und kletterte auf demselben Weg wieder runter.

Auf Fairness kam es bei der Jagd nach Ruhm offenbar nicht an

Punktewertung		
Punkte für:	Andere Seilschaft	Whympers Seilschaft
Gipfel erreicht	0	1
Fairness	1	0
Todesopfer	0	4

So wie Wills mit seiner Besteigung des Wetterhorns das Goldene Zeitalter des Alpinismus eingeläutet hatte, so eindeutig ging es mit Whympers Abstieg vom Matterhorn zu Ende. In seiner siebenköpfigen Gruppe befand sich ein sehr unerfahrener Mann. Beim Abstieg rutschte er aus und riss drei Männer seiner Seilschaft mit. Das Seil, mit dem Whymper und die anderen beiden Männer sie sichern sollten, riss. Und so stürzten vier Unglückliche in den Tod, nur Whymper und zwei Bergführer überlebten. Eine Untersuchung des Seils ergab, dass es von schlechter Qualität war und höchstens als Notfallreserve hätte eingesetzt werden dürfen. Obwohl Whymper der Expeditionsleiter gewesen war, wollte er nicht die Verantwortung für die Tragödie übernehmen. Hauptsache Ruhm, alles andere zählte nicht.

Whymper wimmert

Nach dieser Tragödie am Matterhorn hätte Königin Victoria beinahe allen ihren britischen Untertanen das Bergsteigen in der Schweiz verboten. Was aber auch egal gewesen wäre. Denn inzwischen waren die meisten Schweizer Gipfel ohnehin bezwungen. Dort gewesen, abgehakt. Wer jetzt noch Erstbesteigungen machen wollte, musste weiter weg, in den Kaukasus, in die Anden, die Rocky Mountains oder den Himalaya. Allerdings hatte Whympers verheerende Expedition die Schweiz bekannt gemacht. Touristen wollten jetzt das Land mit eigenen Augen sehen. Und so war die Schweiz um 1900 im Sommer voller Bergwanderer und Kletterer, und bis Mitte des 20. Jahrhunderts gesellten sich im Winter noch massenhaft Skifahrer dazu. Aus den armen, ländlichen Bergregionen der Schweiz waren gefragte internationale Touristenziele geworden. Einfach so.

Die Frauen, deren Leistungen im Goldenen Zeitalter des Alpinismus gern übersehen wurden

Hallo?! Du wolltest das Kapitel doch nicht beenden, ohne über uns zu schreiben? **ODER?**

Über die Frauen, die im Goldenen Zeitalter des Alpinismus Berge bestiegen haben, findet man nicht viele Informationen. Denn die führenden Alpinistinnen zu jener Zeit waren – im Gegensatz zu den Männern – mehr am Bergsteigen interessiert als daran, in Büchern mit ihren Heldentaten zu prahlen. Die Männer verbrachten SEHR viel Zeit damit, über sich und ihre Abenteuer zu schreiben. Wobei sie sich nicht die Mühe machten, Bergsteigerinnen auch nur zu erwähnen.

Aber auch Frauen waren dort droben, in der Wildnis der Schweizer Bergwelt. Und zwar viel öfter, als man denkt.

Lucy Walker (1836–1916)

Als Lucy Walker zwanzig Jahre alt war, litt sie an schmerzhaftem Rheumatismus, der ihre Gelenke steif machte und anschwellen liess. Ihr Arzt riet ihr, so viel zu wandern wie nur möglich, und genau das tat sie auch. Da ihr Vater und ihr Bruder bereits regelmässig in der Schweiz beim Bergsteigen waren, beschloss Lucy, sich ihnen anzuschliessen. Heutzutage findest du das vielleicht keine grosse Sache mehr, aber im England des Jahres 1856 war das für eine Frau einfach unerhört! Lucy Walker war die erste Frau, die regelmässig in den Alpen kletterte, und die erste Frau, die dort eine ganze Reihe von Gipfeln bezwang. Ihre Bergsteigerinnen-Karriere umfasste einundzwanzig Jahre, in denen sie achtundneunzig verschiedene Gipfel erklomm. Und der Knaller daran: Sie weigerte sich, beim Klettern Männerkleidung zu tragen! Für Frauen gab es aber weder klettertaugliche Kleidung noch Schuhe.

Lucy Walkers Bergsteigerausrüstung 1856

- Gesässpolster
- Champagner
- Biskuitkuchen
- Genagelte Stiefel
- Petticoat (unter dem Kleid versteckt)
- Langes, schweres Wollkleid

Sie hat alle diese Berge (und dreiundneunzig weitere) bestiegen …
Eiger
Monte Rosa
Strahlhorn
Grand Combin
Balmhorn

Trotz ihrer schweren, beengenden Kleidung und den ungeeigneten Stiefeln übertrumpfte Lucy Walker beim Klettern viele der ausschliesslich männlichen Mitglieder des British Alpine Club ... der ihr die Aufnahme verwehrte, weil sie eine Frau war. Folglich trat sie dem Ladies Alpine Club bei – dessen Präsidentin sie später wurde. Und stellte weitere neue Rekorde auf.

Meta Brevoort (1825-1876)

Eine von Lucy Walkers grössten Rivalinnen auf den Bergen war die Amerikanerin Meta Brevoort, die erst mit vierzig Jahren mit dem Bergsteigen angefangen hatte. Diese Frau war ein echtes Energiebündel. Erst genoss sie den Luxus einer schulischen Bildung in einem Pariser Kloster, dann kletterte sie in den Schweizer Bergen herum. Sie war berüchtigt dafür, als erste Frau bei Bergtouren Männerkleidung zu tragen, allerdings erlaubte sie niemandem, sie darin zu fotografieren.

Brevoorts ehrgeizigstes Ziel war es, als erste Frau oben auf dem Matterhorn zu stehen. Leider erfuhr Lucy Walker von ihren Plänen und beeilte sich, ihr zuvorzukommen. Tatsächlich erreichte Walker wenige Tage, bevor Brevoort mit ihrer Seilschaft auch nur losgezogen war, den Gipfel des Matterhorns. Doch davon liess sich Brevoort nicht entmutigen, und sie machte sich daran, eine Menge eigener Rekorde aufzustellen.

Bei vielen ihrer Bergtouren nahm Brevoort ihren jungen Neffen W.A.B. Coolidge mit, der sich später, im Silbernen Zeitalter des Alpinismus (das Goldene Zeitalter hatte ja mit Whymper geendet), ebenfalls einen Namen als Bergsteiger machte. Bei einer dieser Besteigungen schenkte sein Lieblingsbergführer, der Schweizer Christian Almer, W.A.B. Coolidge einen Beagle. Schon bald wurden Brevoort, Coolidge und der Hund Tschingel als «das berühmteste Alpentrio» bekannt. 1875 ernannte man den Hund sogar zum Ehrenmitglied des Alpine Club, obwohl es sich um eine Hündin handelte. Brevoort hingegen?

Eine Frau? Keine Chance

Der Zweite

Europa 1939
Vorher*
(*Jedes Land kümmert sich selbst um seine Angelegenheiten)

Weltkrieg

Europa 1944
Nachher*
(*Siehst du den kleinen roten Fleck in der Mitte
des grossen schwarzen Nazi-Besatzungsgebiets?
Ja genau, das ist die Schweiz ... vollständig eingeschlossen ...)

Am 1. September 1939 marschierten die Truppen von Nazi-Deutschland in das benachbarte Polen ein. Schon seit Adolf Hitler, der «Führer», 1933 zum deutschen Reichskanzler ernannt worden war, machte er nichts als Ärger. Er herrschte totalitär, was bedeutet, dass alle zu tun hatten, was er sagte ... und er sagte Schreckliches. So legte er fest, wie Menschen deutscher Rasse auszusehen hatten und was sie glauben sollten. Ausserdem sollte nicht nur das deutsche Reich, sondern auch der Rest von Europa von allen anderen Menschen «gesäubert» werden, damit nur noch die «richtige Rasse» von Menschen übrigblieb. Für alle anderen, insbesondere für die Juden, wurde das Leben schwierig.

In der Schweiz beobachtete man sehr genau, was Hitler tat. Denn er hatte Polen ohne Vorwarnung angegriffen. Wer wusste, welches Nachbarland als Nächstes dran sein würde? Die Schweiz – ein winziges Land mit kleiner Armee, direkt neben dem riesigen, mächtigen Deutschland gelegen – machte sich besonders grosse Sorgen.

Die deutsche Überzahl und die Schweizer Unterzahl während des Zweiten Weltkriegs

Schweiz	Deutschland
Einwohner: 4,226,000	Einwohner: 69,838,000
Truppenstärke: 850,000	Truppenstärke: 18,000,000
schwere Waffen: nicht so viele	schwere Waffen: jede Menge

Nazi-Deutschland tat sich mit Japan und Italien zusammen, sie bildeten die Achsenmächte. Und wie befürchtet, fielen sie in weite Teile Europas, in den Nahen Osten, Nordafrika und Südostasien ein. Viele andere Staaten fanden das nicht so toll – unter anderem Frankreich, Grossbritannien, Polen, Australien, Neuseeland, Kanada, Südafrika und schliesslich auch die Sowjetunion und die Vereinigten Staaten von Amerika. Diese nannte man die Alliierten, weil sie eine Allianz – also ein Bündnis – gegen die Achsenmächte geschlossen hatten. Länder wie die Schweiz, Spanien, Portugal und Schweden hielten sich erst einmal raus und warteten ab, was geschehen würde. Das waren die neutralen Staaten.

Hitlers Endziel war ein «grossgermanisches Weltreich», in dem Deutschland zusammen mit Italien und Japan die ganze Welt beherrschen würde.

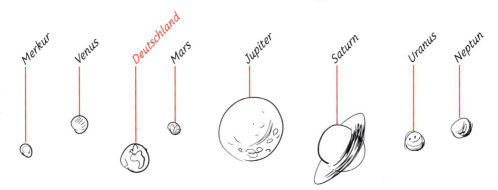

Zum Glück gingen Hitlers Pläne nicht auf. Nach sechs Kriegsjahren siegten die Alliieren. Es war ein kostspieliger Krieg gewesen, nicht nur finanziell gesehen, sondern auch, was die Verluste von Menschenleben anging – es war der tödlichste Krieg in der Geschichte.

Schätzungsweise sind weltweit zwischen 70 und 85 Millionen Menschen im Krieg und an den Kriegsfolgen gestorben ... etwa 3 % der damaligen Weltbevölkerung. Zwischen 50 und 56 Millionen davon fielen entweder als Soldaten im Kampf oder kamen als Zivilisten ums Leben, weil in ihrer Nähe gekämpft worden war. Die übrigen 19 bis 28 Millionen starben an kriegsbedingten Krankheiten oder an Hunger.

Und was passierte in diesen mörderischen Kriegsjahren in der Schweiz?

Ob du es glaubst oder nicht, aber damals starben in der Schweiz nur etwa 100 Menschen durch den Krieg. Die meisten von ihnen aufgrund von Fehlern der alliierten Piloten. Dazu später mehr. Obwohl rundherum der Krieg tobte und ständig die Gefahr bestand, dass die Nazis auch in der Schweiz einmarschieren könnten, kam das Land ziemlich glimpflich davon. Was aber nicht heisst, dass diese Zeit ein Zuckerschlecken war.

Bewaffnete Neutralität

Die Schweiz hatte die Möglichkeit eines Krieges vorausgesehen. Zwei Tage vor dem Einmarsch der Deutschen in Polen hatte die schweizerische Bundesversammlung Henri Guisan, einen ehemaligen Landwirt mit langer militärischer Laufbahn, zum General der Schweizer Armee gewählt. Als oberster Befehlshaber sollte er mit seinen Truppen für die Sicherheit der Schweiz sorgen.

Am Tag vor dem Einmarsch der Deutschen in Polen schickte die Schweiz eine Neutralitätserklärung an vierzig Länder, in der sie verkündete, dass sich das Land nicht an Kampfhandlungen beteiligen werde

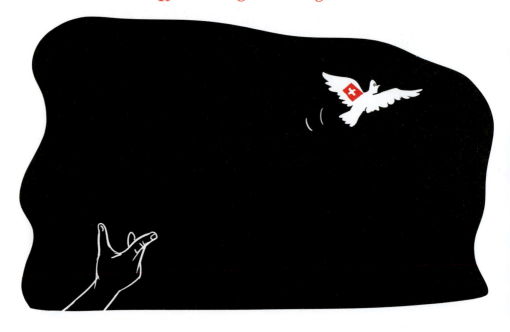

Am Tag des deutschen Überfalls auf Polen ordnete die Schweiz die allgemeine Mobilmachung der Schweizer Armee zur Landesverteidigung an. Innerhalb von achtundvierzig Stunden waren 430 000 schweizerische Soldaten bewaffnet und in Stellung gebracht. Zusammen mit den Veteranen standen damit 850 000 Menschen bereit, um die Schweiz zu beschützen ... nicht schlecht für ein Land mit damals nur etwa vier Millionen Einwohnern.

Auf dem Weg zur Landesverteidigung

Doch reichte das, um die Schweiz und ihre Bürger vor der gewaltigen deutschen Kriegsmaschinerie zu beschützen? Nein, keinesfalls. General Guisan und seine Soldaten wussten das nur zu gut. Mitte Juni 1940 verfügte die Schweiz nur über 24 Panzerspähwagen, etwas über 200 einsetzbare Flugzeuge und 60 000 Pferde … ganz bestimmt nicht genug, um sich gegen eine der tödlichsten Armeen aller Zeiten zu behaupten.

Als die Achsenmächte im Verlauf des Kriegsjahres 1940 immer grössere Teile von Europa eroberten, fasste Guisan einen Plan. Er beorderte seine 650 höheren Offiziere zu einem Treffen auf dem Rütli – der legendären Wiese, auf der die Schweiz mit dem Rütlischwur ihren Anfang genommen hatte.

Bei diesem «Rütlirapport» berichtete er, welche Gefahren der Schweiz drohten, wie wahrscheinlich der Einmarsch feindlicher Armeen war, dass man sich unter allen Umständen dagegen wehren müsse und wie man dies bewerkstelligen könne

Das so genannte Schweizer Réduit ging auf eine Idee aus dem 18. Jahrhundert für den Fall eines feindlichen Einmarsches zurück, und bereits in den 1880er Jahren hatte die Schweizer Regierung am St. Gotthard mit dem ersten Festungsbau begonnen. Der Grundgedanke war, die Zentralalpen mit Verteidigungsanlagen so zu sichern, dass sich die Schweizer Armee bei einem feindlichen Einmarsch dorthin zurückziehen konnte. Von diesen Bunkern und Festungen aus sollte sie dann mit den dort gelagerten Waffen gegen die Eindringlinge kämpfen.

General Guisans Plan sah vor, das Schweizer Réduit auszubauen. Innerhalb weniger Monate brachte die Schweizer Armee Lebensmittel, Waffen und 360 000 Soldaten (die Hälfte der gesamten Armee) in die Gebirgsfestungsanlagen, was das Land 90 Millionen Schweizer Franken kostete.

Ausserdem brachten sie an Alpenpässen, Gleisen und Tunneln enorme Mengen von Sprengstoff an, der jederzeit gezündet werden konnte und feindliche Truppen am Einmarsch hindern sollte

Auf diese Weise würden auch die Transportverbindungen zwischen Deutschland und Italien gekappt werden, sodass die beiden Länder voneinander getrennt wären und sie mangels Nachschub ihren Angriff auf die Schweiz einstellen müssten.

General Guisan sorgte dafür, dass die Achsenmächte über das Schweizer Réduit bestens Bescheid wussten. Dass die Schweiz im Zweiten Weltkrieg nie angegriffen wurde, hatte vermutlich viel damit zu tun, dass Hitler ziemlich klar war, worauf er sich dabei einlassen würde.

Wer Frieden will, wappne sich gegen den Krieg

Obwohl rundum von den Achsenmächten umgeben, zog die Schweiz ihre Truppen zusammen und bereitete sich auf das Schlimmste vor ... und zwar in aller Ruhe. Auch wenn deutsche Soldaten häufig Schweizer Soldaten provozierten, indem sie die Schweizer Grenze im Norden überquerten oder den Schweizer Luftraum überflogen, blieben die Schweizer besonnen und verzichteten auf militärische Gegenmassnahmen.

Während Deutschland Frankreich angriff, verletzte die deutsche Luftwaffe den Schweizer Luftraum nicht weniger als 197 Mal. Obwohl die Schweiz selbst nicht am Kampfgeschehen beteiligt war, schoss sie zwischen Mai und Juni 1940 elf deutsche Flugzeuge über dem Schweizer Luftraum ab. Das ärgerte Hitler dermassen, dass er den Schweizern im Juni 1940 eine scharfe diplomatische Protestnote schickte. Infolgedessen wurde den Schweizer Flieger- und Fliegerabwehrtruppen verboten, Flugzeuge in ihrem Luftraum abzufangen. Also entwickelten die Schweizer Piloten eine andere Strategie. Anstatt deutsche Flugzeuge abzuschiessen, zwangen sie die Eindringlinge, auf Schweizer Flugplätzen zu landen. Waren die deutschen Flugzeuge und ihre Piloten aber erst mal am Boden, befanden sie sich auf dem neutralen Schweizer Territorium und konnten für die Dauer des Krieges festgesetzt werden. Überflüssig zu erwähnen, dass Hitler auch darüber nicht glücklich war.

Hitler schickte Saboteure mit dem Auftrag, Schweizer Flughäfen zu zerstören, doch das Schweizer Militär nahm sie fest, bevor sie Schaden anrichten konnten

Wobei die deutschen Piloten nicht als einzige den Schweizer Luftraum verletzten. Aber mal ehrlich … wenn man über Mitteleuropa fliegt, kommt man um die Schweiz nur schwer herum. Und so wurden während des Zweiten Weltkriegs insgesamt auch 6304 Verstösse der alliierten Luftstreitkräfte gezählt.

Das kümmerte die Schweizer allerdings nicht weiter, bis sich eine Tragödie ereignete … und dann gleich mehrmals wiederholte. Im April 1944 bombardierte ein amerikanisches Flugzeug Schaffhausen, weil es das mit der deutschen Stadt Ludwigshafen am Rhein verwechselte (die 284 Kilometer entfernt ist). Im Februar 1945 warfen verwirrte alliierte Piloten Bomben auf Stein am Rhein, Vals und Rafz. Und auch Basel und Zürich wurden im März 1945 versehentlich bombardiert.

Die Piloten, die für das Bombardement auf Zürich verantwortlich waren, hatten die Stadt mit dem deutschen Freiburg verwechselt

Diese Vorfälle sind für die meisten der 100 Schweizer Todesopfer im Zweiten Weltkrieg verantwortlich, die ich vorhin erwähnt habe. Seitens der Schweizer Regierung betrachtete man diese Bombardements zwar als «Unglücksfälle», machte aber auch unmissverständlich klar, dass man künftig jedes Flugzeug, das sich in den Schweizer Luftraum verirrte, zum Landen zwingen und seine Besatzung bis Kriegsende in der Schweiz gefangen halten würde. Und jedes Flugzeug, das zu einer Bomberstaffel gehörte, würde abgefangen und abgeschossen werden … ganz egal, ob es sich um eines der Alliierten oder der Achsenmächte handelte.

Die Anbauschlacht

In jedem Krieg werden Lebensmittel knapp. Die Schweizer wussten, dass das auch bei ihnen der Fall sein würde, obwohl sie nicht vorhatten, sich am Krieg zu beteiligen. Vor dem Krieg hatte man etwa die Hälfte aller Nahrungsmittel aus anderen europäischen Ländern importiert. Im Krieg konnte es allerdings leicht passieren, dass solche Lieferungen nicht mehr ins Land gelangten. Also befahl die stets praktisch denkende Schweizer Regierung, auf allem verfügbaren Land Getreide, Gemüse und Kartoffeln anzubauen, damit sichergestellt war, dass sich die Bevölkerung während der Kriegsjahre selbst versorgen konnte. Sie nannte es die «Anbauschlacht» oder «Plan Wahlen». Jedes verfügbare Stückchen Erde wurde bepflanzt, auch private Gärten, Grünflächen von Schulen, Fussballfelder und sogar die Vorgärten der einen oder anderen Bücherei. Ende des Zweiten Weltkriegs hatte sich die Anbaufläche in der Schweiz verdreifacht, was bedeutete, dass die Schweiz in den Kriegsjahren nur etwa 20 % ihrer Nahrungsmittel aus anderen Ländern einführen musste.

Flüchtlinge

Schlechte Nachrichten an der Schweizer Grenze

Um als neutraler und freier Staat anerkannt zu bleiben, musste die Schweiz vor und während des Zweiten Weltkriegs viele schwierige Entscheidungen treffen. Die Meinungen darüber, ob diese Entscheidungen richtig oder falsch waren – und «neutral» genug –, gehen weit auseinander.

Während des Zweiten Weltkriegs ordnete Hitler die Ermordung von sechs Millionen Menschen an, einfach nur, weil sie Juden waren. Das entsprach zwei Drittel der jüdischen Bevölkerung Europas! Weitere Millionen Menschen liess er aus ähnlich niederträchtigen Gründen umbringen. Daher versuchten viele – Juden und andere –, aus Deutschland zu fliehen.

Etliche Leute bemühten sich, den Flüchtlingen nach besten Kräften zu helfen, auch in der Schweiz. So nahm die winzige Schweiz 300 000 Flüchtlinge auf und liess Tausende in andere sichere Länder durchreisen.

Das änderte sich jedoch, als Deutschland drohte, die Schweiz anzugreifen. Um Hitler nicht weiter zu reizen, schloss die Schweiz 1942 ihre Grenzen für Flüchtlinge. Das bedeutete für Tausende Menschen, dass sie an der Grenze abgewiesen und nach Nazi-Deutschland zurückgeschickt wurden. Und wenn sie Juden waren, kam das ihrem ziemlich sicheren Todesurteil gleich.

Geld: Die üblichen Geschäfte ... und ein paar unübliche

Vor dem Krieg hatte die Schweiz mit vielen europäischen Ländern Handelsabkommen geschlossen. Die Schweizer kauften das, was es in ihrem eigenen Land nicht gab, und führten ins Ausland aus, wovon sie selbst mehr als genug hatten. Nach Kriegsausbruch wollte die Schweiz weiterhin an diesen Abkommen festhalten, auch wenn viele dieser Länder bald unter der Fuchtel von Hitler standen. Infolgedessen unterhielt die Eidgenossenschaft also Handelsbeziehungen sowohl zu den Alliierten als auch zu den Achsenmächten.

Während des Krieges wurde die Schweiz daher von beiden Seiten unter Druck gesetzt, keine Geschäfte mehr mit der jeweils anderen Seite zu machen. Falls die Schweizer der einen Seite nachgaben, der anderen aber nicht, riskierten sie ihre Neutralität. Beendeten sie hingegen die Geschäftsbeziehungen mit beiden Seiten, würden sie entweder verhungern oder erfrieren, denn sie waren darauf angewiesen, Nahrungsmittel und fast ihren gesamten Bedarf an Brenn- und Treibstoffen zu importieren. Für die meisten Leute war der Fall klar ...

Sie brauchten den Handel mit beiden Seiten, auch wenn sie dabei in Kauf nehmen mussten, sich mit einigen ziemlich üblen Leuten einzulassen

Dementsprechend beschloss man auch, sowohl den Alliierten wie den Achsenmächten zu gestatten, bei Bedarf Personen, Nahrungsmittel und Versorgungsgüter durch die Schweiz zu transportieren. Die Schweiz, mitten in Europa gelegen, musste entscheiden, welchen ausländischen Zügen sie die Durchfahrt erlaubte und was und wieviel sie befördern durften.

Als die anderen europäischen Länder unter die Kontrolle der Achsenmächte gerieten, wurden deren Währungen wertlos. Die übrigen Länder wiederum weigerten sich, internationale Geschäfte in der Währung der Achsenmächte abzuschliessen. So kam es, dass der Schweizer Franken eine Zeit lang die einzige Währung war, die als Zahlungsmittel in ganz Europa akzeptiert wurde ... und sowohl die Alliierten als auch die Achsenmächte brauchten sie. Daher verkauften beide Seiten der Schweiz tonnenweise Gold, um sich mit den dafür erhaltenen Schweizer Franken kriegswichtige Güter zu kaufen – vor allem Wolfram (ein Metall, das zur Härtung von Stahl benötigt wurde) und Erdöl.

Allerdings war das Gold, das Nazi-Deutschland der Schweiz verkaufte (im Wert von etwa 1,2 Milliarden Schweizer Franken), hauptsächlich geraubtes Gold der Länder, die die Deutschen erobert hatten. Wann die Schweiz von diesem Umstand erfuhr, ist unklar.

Es wird noch schlimmer. Einen Teil dieses an die Schweiz verkauften Goldes (im Wert von mindestens 581 000 Schweizer Franken) hatten die Deutschen den Juden gestohlen. Die hatten sie in sogenannte Konzentrationslager geschickt und dort umgebracht.

Und wenn du jetzt denkst, noch schlimmer kann es nicht mehr kommen ... doch, kann es!

In den Kriegsjahren und auch schon davor hatten viele Juden, die um ihr Leben fürchteten, ihre Wertsachen (wie Gold, Geld, Gemälde, Schmuck etc.) zur «sicheren Verwahrung» in Schweizer Banken gebracht. Als diese Personen während des Krieges verschwanden, bewahrten die Schweizer Banken die Wertsachen Jahrzehnte lang auf, ohne sich sonderlich darum zu bemühen, die rechtmässigen Eigentümer ausfindig zu machen. Wenn sich Angehörige der Verstorbenen an die Banken wandten, um die Sachen abzuholen, wurden sie abgewiesen, weil die Verwahrkonten ja nicht auf ihre Namen liefen, sondern auf die der Verstorbenen.

In den 1990er Jahren – also fünfzig Jahre später – zeigten sich die Banken schliesslich einsichtig, aber erst nachdem Regierungen auf der ganzen Welt gewaltigen Druck auf sie ausgeübt hatten

Dass die Schweizer Banken so lange stur bleiben konnten, ist dem Bankgeheimnis zu verdanken. Es besagt, dass die Banken keine Informationen über die Personen weitergeben dürfen, die bei ihnen ein Konto haben, und auch nicht darüber, wieviel Geld auf dem jeweiligen Konto ist.

Das ist eine tolle Sache für Menschen, die ihr Geld verstecken möchten – insbesondere schlechte Menschen, die niemandem Rechenschaft über ihr Geld ablegen wollen. Gegen Ende des Ersten Weltkriegs war die Schweiz quasi zur Bank Europas geworden. Die Franzosen zahlten ihr Geld in Genf ein, die Italiener in Lugano und die Deutschen in Zürich. So hatte auch Adolf Hitler zu Beginn des Zweiten Weltkriegs ein Konto bei der Bank UBS. Dort versteckte er das Geld, das er mit dem Verkauf seines Buches *Mein Kampf* verdiente.

Hitler schaffte es nicht mehr, sein Geld abzuheben

Die Nachwirkungen
Während des Zweiten Weltkriegs war den Schweizern bewusst, dass sie der Kriegsmaschinerie der Deutschen nichts entgegenzusetzen hatten. Sie mussten eine Menge wirklich schwieriger Entscheidungen treffen

1. damit die Deutschen nicht in ihr Land einmarschierten
2. damit die Schweizer Bevölkerung überlebte und frei blieb
3. und vor allem, um in einem Europa, das finster und beängstigend geworden war, wenigstens einen letzten sicheren Zufluchtsort zu erhalten – einen Hort der Unabhängigkeit und der Demokratie.

Aber es gibt keinen Zweifel, dass das Handeln und eben auch das Nicht-Handeln der Schweiz zu Toten und vielleicht sogar zur Verlängerung des Kriegs geführt hat. Viele Schweizer haben diese Schuld erkannt. Der Bundespräsident Kaspar Villiger sagte 1995: «Wir haben damals im allzu eng verstandenen Landesinteresse eine falsche Wahl getroffen. Der Bundesrat bedauert das zutiefst, und er entschuldigt sich dafür, im Wissen darum, dass solches Versagen letztlich unentschuldbar ist.»

Carl Lutz war ein nach Ungarn entsandter Schweizer Diplomat, der die Erlaubnis erhalten hatte, 8000 Schutzbriefe für Juden auszustellen. Tatsächlich stellte er jedoch 62 000 Schutzbriefe aus und konnte damit etwa der Hälfte aller ungarischen Juden das Leben retten.

Elsbeth Kasser, eine Krankenschwester, verbrachte ihr ganzes Berufsleben damit, Kriegskindern zu helfen und während des Zweiten Weltkriegs das Leid von Häftlingen zu lindern. In dieser Zeit beteiligte sie sich auch an einer gefährlichen Rettungsaktion, um Kinder aus Frankreich in die Schweiz zu bringen.

Paul Grüninger arbeitete als Polizeihauptmeister in St. Gallen, an der Grenze zu Deutschland und Österreich. Als Österreich an Nazi-Deutschland «angeschlossen» wurde, verliessen viele Juden eilig das Land. Grüninger zeigte Verständnis für ihre Lage: Er schrieb ihre Grenzübertrittserlaubnis auf ein früheres Datum um und fälschte Dokumente, damit sie in die Schweiz einreisen konnten.

Recha Sternbuch, eine Frau aus Montreux, rettete Tausende von jüdischen Flüchtlingen, indem sie Himmler (nach Hitler der wichtigste Mann in Nazi-Deutschland) dazu brachte, Juden gegen Geld aus den Vernichtungslagern zu entlassen.

Tolle Schw

Johanna Spyri

Marie Heim-Vögtlin

Isabelle Eberhardt

Iris von Roten

Einige imponierende Schweizerinnen

izer Frauen

Ruth Dreifuss

Martina Hingis

Guilia Steingruber

Helvetia

Die Geschichtsbücher strotzen vor Schilderungen, was für grossartige Dinge Männer vollbracht haben. Dabei haben Frauen – im Hintergrund und ohne grosses Getöse – ebenso beeindruckende Dinge getan und nicht einmal einen Bruchteil der Aufmerksamkeit dafür bekommen. Jede der hier aufgeführten Frauen ist auf ihre eigene Art und Weise fantastisch und verdient es, dass ihre Geschichte erzählt wird.

9.–10. Jahrhundert: Heilige Wiborada

Wiborada und ihr Bruder Hitto, beide gegen Ende des 9. Jahrhunderts geboren, stammten aus einer reichen Familie in Klingnau im Aargau. Weder Wiborada noch Hitto nahmen es ihren Eltern übel, dass sie ihnen so schräge Namen gegeben hatten, aber den luxuriösen Lebensstil ihrer Familie lehnten sie später entschieden ab.

Die beiden Jugendlichen waren dafür bekannt, auf Partys zu verzichten und stattdessen Kranke und Arme zu sich nach Hause zu holen und aufzupäppeln

Hitto verliess als erster das elterliche Zuhause und wurde Mönch im Kloster von St. Gallen. Nach dem Tod der Eltern zog auch Wiborada dorthin. Sie nähte Hittos Gewänder und half in der Klosterbibliothek beim Buchbinden mit.

Wiborada und Hitto standen sich sehr nahe ... es gab Gerüchte, dass sie sich sogar zu nahe gekommen waren. Deshalb musste Wiborada ihre Keuschheit durch eine «Feuerprobe» beweisen. Falls du davon noch nie gehört hast – es ist bei weitem nicht so lustig, wie es klingt.

Tipps und Tricks, wie du eine Feuerprobe erfolgreich durchführst

Schritt 1: Erhitze Pflugscharen im Feuer ...

Schritt 2: ... bis sie rot glühen.

Schritt 3: Halte dir die Ohren zu, während die Angeklagte darüber läuft.

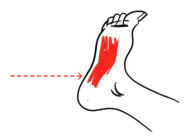

Schritt 4: Schau nach, ob die Angeklagte verbrannte Fusssohlen hat.

Schritt 4a: Falls ja, ruf den Henker. Die Angeklagte ist eindeutig schuldig.

Schritt 4b: Falls keine Brandblasen zu sehen sind, ist die Angeklagte unschuldig. Mist. Lass sie frei.

Schritt 5: Schnapp dir den nächsten Angeklagten, schür das Feuer nach und wiederhole das Ganze.

Entweder tänzelte Wiborada schnell genug über das heisse Eisen oder sie war tatsächlich unschuldig, denn die rotglühenden Pflugscharen verbrannten ihre Füsse nicht. Also liess man sie frei.

Hitto – er war schliesslich ein Mann – wurde gleich für unschuldig erklärt und musste gar nicht erst riskieren, sich seine zehn niedlichen Zehen verkokeln zu lassen.

Danach entschied Wiborada, dass es an der Zeit war, das Kloster (und die heissen Pflugscharen) hinter sich zu lassen. Sie zog durch mehrere Kirchen, ehe sie sich in St. Mangen, ebenfalls in der Stadt St. Gallen, niederliess. Sie liess sich sogar einmauern.

In der Kirche erwarb sich Wiborada rasch den Ruf:

sehr zurückgezogen zu leben und in ihrer Zelle Tag und Nacht zu beten, wenn sie nicht gerade nähte oder Bücher band,

Kranke und Verwundete heilen zu können,

die Gabe der Prophezeiung zu haben (das heisst, dass sie in die Zukunft schauen konnte)

Damals wurden die meisten Leute, die behaupteten, in die Zukunft schauen und Wunder vollbringen zu können, für verrückt erklärt, nicht aber Wiborada. Bei ihr sprachen haufenweise Besucher vor und sie hatte ergebene Anhänger. 925 sagte sie eine Invasion der Ungarn in St. Gallen voraus und war ausserdem überzeugt, dabei als Märtyrerin zu sterben. Als die Mönche von ihrer Prophezeiung hörten, versteckten sie die kostbaren Schriften des Klosters und den Wein und flüchteten in die nahen Berge. Wiborada hingegen ergab sich in ihr Schicksal und weigerte sich, ihre Zelle zu verlassen. Es kam, wie es kommen musste – 926 fielen die Ungarn ein.

Die Angreifer drangen durch das Dach in Wiboradas Zelle ein und spalteten ihr mit einer Hirtenaxt den Schädel, womit sie bewiesen, dass Wiborada mit ihrer Prophezeiung richtig gelegen hatte

1047 sprach Papst Clemens II. sie als erste Frau offiziell heilig. Sie gilt als Schutzpatronin von Büchereien und Bibliothekaren und wird in Kunstwerken meistens mit einem Buch und einer Hellebarde dargestellt (nicht zu verwechseln mit der Art von Axt, mit der man ihr den Schädel spaltete). Dabei wurden Hellebarden erst etwa vierhundert Jahre nach Wiboradas Tod erfunden.

1645–1714: Katharina von Wattenwyl

Katharina von Wattenwyl war eine absolut aussergewöhnliche Frau, aber niemand wusste so recht, was man von ihr halten sollte.

Sie kam als Nesthäkchen einer adligen Familie mit elf Kindern zur Welt und wuchs auf Schloss Oron im Kanton Waadt auf, wo ihr Vater Landvogt war.

Schon als sehr junges Mädchen ritt Katharina lieber, als Handarbeiten zu machen, und interessierte sich mehr für Pistolen als für Puppen

Katharina war erst dreizehn, als ihre beiden Eltern starben (was nichts mit Katharinas Vorliebe für Pistolen zu tun hatte). Danach wurde die Vollwaise von einem Verwandten zum nächsten weitergereicht. Keiner von ihnen kam mit dem eigensinnigen Mädchen zu Rande.

Mit zwanzig Jahren geriet Katharina mit einer französischen Hofdame in Streit und forderte sie schliesslich zu einem Pistolenduell hoch zu Ross heraus. Eine Disziplin, in der Katharina unschlagbar war. Als ihre Familie davon erfuhr, liess sie heimlich die Munition aus den Waffen entfernen.

Als Katharina merkte, was sie getan hatten, entwickelte sich das Duell zu einem Degengefecht, bis ihre Verwandten erneut eingriffen und den Zweikampf beendeten

Ein andermal bändigte Katharina ein als unzähmbar geltendes Pferd, was keinem Mann zuvor gelungen war. Als sie damit zu seinem Besitzer ritt, schenkte dieser ihr zum Dank zwei Pistolen. Schon bald ergab sich die Gelegenheit für sie, eine davon zu benutzen: Als ein pfälzischer Graf sie im Wald bedrängte, schoss sie ihm kurzerhand in die Schulter.

Und damit nicht genug. Katharina liess ein Porträtbild von sich malen, aber nicht so, wie es für eine Frau damals üblich war.

Katharina posierte als Kriegerin, mit langem, wallenden Haar, einem Brustharnisch und Hermelinumhang

Zu allem Überfluss fing sie dann auch noch an, für Ludwig XIV. von Frankreich, den «Sonnenkönig», zu spionieren. Es ist unklar, warum sie sich darauf eingelassen hatte, doch nachdem eine ihrer Geheimbotschaften an den französischen Botschafter abgefangen worden war, verhaftete man sie, und sie wurde bis zu ihrem Prozess gefoltert. Man kam zu dem Schluss, Katharina habe von den Franzosen riesige Geldsummen für die Information erhalten, dass die Schweizer ein Bündnis mit den Engländern eingehen wollten ... was Katharina grösstenteils schlicht erfunden hatte. Sie wurde zum Tode verurteilt, doch selbst aus dieser Situation konnte sie sich mit Hilfe ihrer Familie herauswinden.

Danach lebte Katharina auf Schloss Valangin in Neuchâtel, wo sie vor ihrem Tod ihre Memoiren schrieb und diese Ludwig XIV. zukommen liess. Andernfalls hätten wir heute nicht so faszinierende Einblicke in das Leben dieser aussergewöhnlichen Frau.

1853–1901: Emilie Kempin-Spyri

Bis vor kurzem wusste man von Emilie eigentlich nur, dass sie die Nichte von Johanna Spyri war – der Frau, die *Heidi* geschrieben hat. Dabei war Emilie Kempin-Spyri sehr viel mehr als das.

Emilie Spyri, das jüngste von acht Kindern, heiratete mit dreiundzwanzig Jahren einen Pfarrer namens Walther Kempin. Anfangs schien Emilies Leben ganz normal zu verlaufen.

Was niemand (ausser Walther) ahnte, war, dass Emilie sehr viel grössere Ziele im Leben verfolgte. Acht Jahre nach ihrer Heirat – sie hatte inzwischen drei Kinder – schrieb sie sich an der Universität Zürich für ein Jurastudium ein, das sie vier Jahre später als eine der Jahrgangsbesten mit einem Doktorgrad abschloss. Sie war jetzt die erste Frau in der Schweiz mit einem Abschluss in Rechtswissenschaften. Klasse!

Also würde sie künftig als Anwältin arbeiten?

Falsch.

Warum Frauen vor 1898 in Zürich keine Anwältinnen sein durften

Mit anderen Worten ... Emilie durfte zwar ihr Studium abschliessen, aber nicht als Anwältin tätig sein. Frauen war der Zutritt zu diesem reinen Männerclub untersagt!

Emilie legte beim Bundesgericht – das ausschliesslich aus Männern bestand – Beschwerde ein. Doch ihre Klage wurde abgewiesen. Aber sie gab nicht auf und bewarb sich als Dozentin an der Zürcher Universität.

Auch der geschlossene Männerclub an der Universität wies sie ab

Da es vielen Leuten nicht passte, dass Emilie unbedingt als Juristin arbeiten wollte, gingen sie nicht mehr in die Kirche ihres Ehemanns. Also beschlossen Emilie und Walther, ihr Glück woanders zu suchen und wanderten 1889 nach New York aus. Dort lief es bestens für Emilie. Sie durfte Rechtswissenschaften unterrichten, veröffentlichte juristische Artikel und Bücher und fand sogar noch die Zeit, die Emily Kempin Law School – eine juristische Ausbildungsstätte für Frauen – zu gründen und sich um ihre Familie zu kümmern. Doch weil die Familie Heimweh nach der Schweiz hatte, kehrte sie nach Zürich zurück, wo Emilie immer noch nicht als Anwältin arbeiten durfte. 1891 bekam sie dann eine «Ausnahme»-Erlaubnis, mit der sie an der Universität in Bern bestimmte Kurse geben durfte – also obwohl sie eine Frau war und keine gültige Zulassung als Dozentin hatte. Aber selbstverständlich wurde sie schlechter bezahlt als ihre männlichen Kollegen.

Später zog Emilie allein nach Berlin, wo sie für sehr wenig Geld Jura lehrte, bis sie 1897 – nach jahrelanger, harter Arbeit für wenig Geld und dem Scheitern ihrer hochgesteckten Ziele – erschöpft zusammenbrach. Man wies sie in eine Nervenheilanstalt ein, wo sich ihr Zustand nach einer Reihe grausamer Behandlungen verschlimmerte. 1901 starb sie im Alter von 48 Jahren, ganz kurz nachdem ein neues Gesetz verabschiedet worden war, das es Frauen erlaubte, als Juristinnen zu arbeiten. Zu spät für Emilie Kempin-Spyri. Aber ohne ihren beherzten Kampf für ihre Rechte wäre es nie so weit gekommen. Heute gilt Emilie Kempin-Spyri als eine der ersten Anwältinnen Europas und als erste Universitätsdozentin in der Schweiz.

1917–2017: *Marthe Gosteli*

Marthe Gosteli wurde von frühester Jugend an ermuntert, für das zu kämpfen, woran sie glaubte. Die Tochter einer einfachen Bauernfamilie aus Worblaufen in Bern beobachtete, wie ihr Vater aktiv in der Politik mitmischte, während ihre Mutter immer nur zuschauen durfte.

Damals war es Frauen nicht erlaubt, sich politisch zu betätigen, sie hatten nicht einmal das Recht zu wählen

Als ihr Vater starb, war Marthe 40 Jahre alt, und so mussten sie, ihre Mutter und ihre Schwester sich um den Bauernhof der Familie kümmern ... was in einer Männerwelt nicht ganz einfach war. Ein Freund von Marthe half ihrer Mutter, den Bauernhof zu erhalten. Ohne ihn hätten sie ihn zweifellos aufgeben müssen.

Marthe hatte die Nase voll. 1940 schloss sie sich der Frauenbewegung an und beschloss (1) fortan ihr eigenes Geld zu verdienen, (2) niemals zu heiraten und (3) niemals Kinder zu haben.

Stattdessen verschrieb sie sich zu 100% dem Kampf der Frauen für gleiche Rechte

1964 wurde Marthe Präsidentin des Frauenstimmrechtsvereins Bern, wo sie für das Wahlrecht der Frauen kämpfte. Sie verfasste Flugblätter und ging von Tür zu Tür, um mit jedem, der sie ihr nicht gleich vor der Nase zuschlug, über die Gleichberechtigung der Frauen zu diskutieren. Um eine Gleichstellung zu erreichen, versuchte sie Frauen zu überzeugen, sich stärker in ihren Heimatgemeinden zu engagieren.

1967 wurde sie Vizepräsidentin des Bundes Schweizerischer Frauenvereine. Und am 7. Februar 1971 stimmte eine Mehrheit der Schweizer Männer tatsächlich dafür, dass Frauen auf Bundesebene das Wahl- und Stimmrecht bekommen sollten. Damit war die Schweiz eines der letzten europäischen Länder, das Frauen dieses Recht zugestand. Immerhin, es war geschafft. Gosteli feierte diesen Sieg und machte sich dann gleich wieder an die Arbeit.

Zwischen 1970 und 1972 erklärten sich die Schweizer Kantone – bis auf zwei – bereit, Frauen das Wahl- und Stimmrecht zu geben. Schliesslich zwang die Regierung 1989 und 1990 auch Appenzell Ausserrhoden und Innerrhoden dazu, Frauen mit abstimmen zu lassen

1982 gründete sie die Gosteli-Stiftung, um die Erinnerung an die Geschichte der Schweizer Frauen und ihren Kampf um Gleichberechtigung wachzuhalten. Inzwischen ist daraus eine umfangreiche Bibliothek geworden, die sich in Gostelis Elternhaus befindet, um dessen Erhalt sie vor all den Jahren so hart gekämpft hatte.

Bevor Gosteli 2017 im Alter von 99 Jahren starb, wurde sie unter anderem 1995 mit dem Ehrendoktorat der Universität in Bern und 2011 mit dem Schweizer Menschenrechtspreis ausgezeichnet.

Wenn du also eine Schweizerin und alt genug zum Wählen bist, denk an Marthe Gosteli und sei nicht zu faul, viermal im Jahr ins Wahllokal zu gehen, damit auch deine Stimme zählt. Marthe hat ihr Leben lang dafür gekämpft, dass du diese Möglichkeit bekommst.

Es gibt zu viele herausragende Schweizer Frauen, um sie alle zu erwähnen. Hier aber zumindest noch ein paar von ihnen:

Johanna Spyri (1827–1901) war die Tante von Emilie Kempin-Spyri und eine grossartige Schriftstellerin. Sie kam in Hirzel, in der Nähe von Zürich, zur Welt und schrieb Dutzende von Büchern. Eins davon, *Heidi*, wurde weltweit berühmt. Spyri hat es in nur vier Wochen geschrieben.

Marie Heim-Vögtlin (1845–1916) geboren im Aargau, wusste von klein auf, dass sie Medizin studieren wollte. Also bat sie um Aufnahme an der Universität von Zürich, wo sie dann mit Auszeichnung abschloss, sodass sie 1874 die allererste Schweizer Ärztin war. Schon bald erwarb sie sich einen Ruf als fähige Medizinerin, später gründete sie das erste Frauenspital der Schweiz mit angegliederter Krankenschwesternschule.

Isabelle Eberhardt (1877–1904) kam 1877 in Genf zur Welt und wurde von ihrem Vater zu Hause unterrichtet. Noch vor ihrem 20. Geburtstag sprach die unglaublich intelligente junge Frau fliessend sieben Sprachen. Fasziniert von Afrika schrieb und veröffentlichte sie Geschichten, die dort spielten und bis in die kleinsten Details hinein stimmig waren, obwohl sie selbst noch nie dort gewesen war. Anfang Zwanzig zog sie dann nach Algerien, wo sie sich häufig als Araber verkleidete, was ihr grössere Bewegungsfreiheit gab. Sie legte sich sogar einen Männernamen zu, *Si Mahmoud Saadi*, und schrieb, kleidete und benahm sich wie ein Mann. Meist handelten ihre Bücher von unaussprechlichen Dingen und schockierten «die besseren Kreise». Natürlich verkauften sie sich nicht gut, aber davon liess sich Isabelle nicht beirren. Für eine Frau ihrer Zeit lebte sie unerhört eigenwillig, wild und gefährlich. Sie rauchte, trank Alkohol und nahm Drogen, was ihrer Gesundheit sehr schadete. Mit siebenundzwanzig Jahren hatte sie kein Geld mehr, ihr waren alle Zähne ausgefallen, und sie litt an verschiedenen Krankheiten. Im selben Jahr kam sie bei einer Sturzflut in Algerien ums Leben. Die nach ihrem Tod veröffentlichten Bücher verkauften sich hingegen gut, und schliesslich wurde sie auch in den «besseren Kreisen» geschätzt.

Iris von Roten (1917–1990), die hoch gebildet war und nie ein Blatt vor den Mund nahm, fiel für eine Frau des frühen 20. Jahrhunderts reichlich aus dem Rahmen. Sie gab eine Frauenzeitschrift heraus, arbeitete als Anwältin und war Autorin des Buches *Frauen im Laufgitter*, das grosse Empörung hervorrief. Darin kritisierte sie die fehlende Macht von Frauen in der Gesellschaft und griff die Vorherrschaft der Männer an. Allerdings war die Schweiz noch längst nicht für eine solche Lektüre bereit. Ihr Buch wurde von Männern und Frauen gleichermassen verrissen, sie zog eine Menge Wut auf sich. Daraufhin kehrte sie 1960 der Frauenbewegung den Rücken und fuhr mit ihrem Auto auf eigene Faust in die Türkei, den Iran und Irak, nach Syrien, in den Libanon, nach Marokko und Tunesien, nach Sri Lanka und Brasilien und was sonst noch alles dazwischenliegt. Dass eine Frau unbegleitet an solche Orte reise, war damals beispiellos, aber von Roten hatte einen Mordsspass dabei.

Ruth Dreifuss (1940–) wurde in St. Gallen geboren, ging in Genf zur Schule und arbeitete für Schweizer Behörden und Gewerkschaften, bis sie 1993 in den Bundesrat gewählt wurde. Sie spricht fünf Sprachen fliessend und wurde 1999 Schweizer Bundespräsidentin – als erste Frau, die dieses Amt je innehatte. Nicht übel, wenn man bedenkt, dass Frauen erst seit 1971 auf Bundesebene abstimmen durften! Als Vorsteherin des Eidgenössischen Departements des Innern machte sie sich für ein neues Gesetz stark, das allen Schweizerinnen und Schweizern eine umfassende Krankenversicherung garantierte. Sie ist auch Mitglied des Council of Women World Leaders – ein Frauennetzwerk ehemaliger und derzeitiger Regierungschefinnen, die Frauen in Führungspositionen überall auf der Welt anspornen, sich für die Belange von Frauen einzusetzen.

Martina Hingis (1980–) wurde in der Tschechoslowakei geboren und zog im Alter von sieben Jahren mit ihrer Mutter in die Schweiz. Bereits mit zwei Jahren hatte sie angefangen, Tennis zu spielen, mit vier bestritt sie ihr erstes Tennisturnier. Mit zwölf Jahren war sie dann die Jüngste, die je bei den French Open das Grand-Slam-Turnier im Mädcheneinzel gewann. Zwischen ihrem vierzehnten und ihrem siebzehnten Lebensjahr kletterte sie auf der Weltrangliste vom 87. Platz an die Spitze und beherrschte das Damentennis, bis sie 2003 ihren Rücktritt erklärte. Doch sie konnte nicht vom Spielen lassen und kehrte auf den Tennisplatz zurück, nur um 2007 und 2017 erneut ihren Rücktritt zu erklären.

Guilia Steingruber (1994–) aus St. Gallen ist eine Schweizer Kunstturnerin mit einer beeindruckenden Liste von Meistertiteln in verschiedenen Disziplinen. Sie hat als erste Schweizer Turnerin sowohl bei einer Europameisterschaft im Mehrkampf Gold gewonnen als auch als erste jemals eine Olympiamedaille geholt, nämlich die Bronzemedaille im Sprung 2016, wobei sie Gold und Silber nur um Punktbruchteile verfehlte.

Helvetia (1848–) ist die weibliche Verkörperung der Schweiz. Ihr Name leitet sich von dem lateinischen Namen der Schweiz her – Confoederatio Helvetica. Oft sieht man sie in einem wallenden Gewand, in der einen Hand einen langen Speer, in der anderen einen Schild mit dem Schweizer Wappen. Auch wenn sie sehr weiblich wirkt, ist sie für die Schweizer zugleich Kriegerin, Beschützerin und ein Symbol für die schweizerische Unabhängigkeit. Man sieht sie auf Münzen und Briefmarken und in sehr, sehr vielen Souvenirläden …

Kriminelle

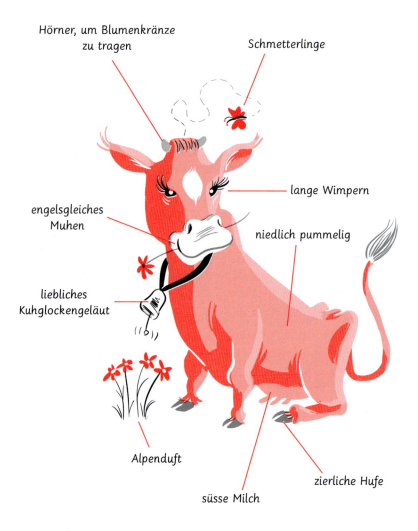

Unsere Vorstellung von einer Schweizer Kuh

Kühe

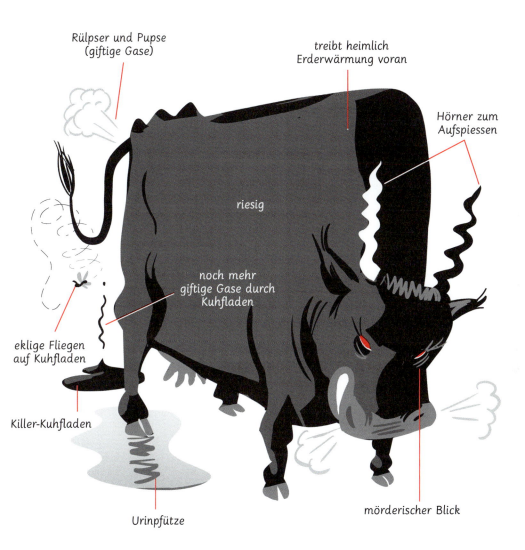

Eine echte Schweizer Kuh

Sie klimpern mit ihren hinreissend langen Wimpern und sehen uns aus diesen unwiderstehlichen grossen, schokoladenbraunen Augen an. Ihre Blicke ruhen auf dir und folgen dir, wenn du vorbeigehst. *Klingelingeling*, bimmeln ihre Kuhglocken fröhlich. Doch lass dich nicht täuschen. Nicht eine Sekunde lang.

Falls du einmal den sogenannten «Kampf der Königinnen» gesehen hast, weisst du, über welche Kräfte eine Schweizer Kuh verfügt. Falls nicht, hast du wirklich etwas verpasst.

Diese Kuhkämpfe finden jedes Frühjahr im Wallis statt, mit jeweils 10 bis 12 Kühen in der Arena. Jede Kuh sucht sich ihre Gegnerin selbst aus, und dann kreuzen die beiden die Hörner und testen, wer die Stärkere ist. Kopf an Kopf, Horn an Horn stemmen sich die beiden Kühe in den Boden und schieben und rempeln einander, bis sich eine der beiden umdreht und wegrennt. Diese Kuh hat den Kampf nicht nur verloren, sondern riskiert auch, dass die Siegerin ihr ihre Hornspitzen ins Hinterteil rammt. Die Siegerin hingegen steigt in die nächste Runde auf. Das geht so lange weiter, bis die letzte Siegerin zur «Königin der Königinnen» gekrönt wird.

Ganz ohne Stier. Wie wäre es wohl, wenn die Monarchien der Menschen ihre Angelegenheiten auf diese Weise regeln würden?

Wusstest du, dass im weltweiten Vergleich mehr Menschen durch Kühe getötet werden als durch Haie? Nein, das ist kein Witz. Haie fressen ungefähr sieben Menschen pro Jahr, Kühe machen im Durchschnitt zwanzig Menschen den Garaus. Trotzdem wurde noch nie ein Horrorfilm mit einer Kuh gedreht (wäre *das* nicht cool?).

Andererseits sind Kühe schon auch nützlich für uns. Wir wollen ja nicht undankbar sein.

Kühe

… geben Milch und Fleisch
… mähen das Gras auf den Alpen
… sorgen für den Erhalt der Schweizer Alpwirtschaft (und diese Bergbauernhöfe schauen echt cool aus)
… eignen sich gut zum Anblöken, wenn man sich bei langen Autofahrten langweilt

Wie aber gehen Kühe bei ihren Morden vor? Fangen wir mal mit ihren Köpfen an und arbeiten uns nach hinten durch, ja?

Hörner (alias Spiesswerkzeuge)
Warum tragen Kühe Glocken um den Hals?

> Weil sie mit ihren Hörnern nicht tuten können.

Nein, im Ernst, warum haben Kühe Hörner? Wozu sind sie da? Sie dienen mehr Zwecken, als die meisten Leute denken.

Zeichen des gesellschaftlichen Rangs
Kühe sind gesellige Tiere. Sie leben in Herden und jede Kuh kennt dort ihren Platz. Im Allgemeinen nehmen Kühe mit dickeren und längeren Hörnern einen höheren Rang in der Herde ein.

Fellpflege
Ja, Kühe benutzen ihre Hörner auch dazu, sich und andere Kühe zu schrubben. Die Hornspitzen sind sehr nützlich, wenn eine Kuh sich an einer bestimmten Stelle kratzen will. Kommt sie dort mit ihren eigenen Hörner nicht hin, behilft sie sich mit der Hornspitze einer anderen Kuh. Sie benutzt sogar die Hornspitze einer Freundin, um sich Schlafsand aus den Augen zu kratzen. Das ist kein Scherz. Jede Kuh ist sich über die Grösse und Krümmung ihrer Hörner und die ihrer Freundinnen genau im Klaren. Sie weiss also exakt, wie und wo sie sich kratzen kann, wenn es nötig ist. Wenn du mir nicht glaubst, geh doch mal raus und beobachte eine Weile ein paar Kühe. Du darfst bloss nicht von ihnen erwarten, dass sie dir deine juckenden Stellen kratzen …

Schutz
Hier kommen die Spiesswerkzeuge ins Spiel. Denn was kann eine Kuh tun, wenn jemand oder etwas sie, ihr Kalb oder ihre Herde bedroht?
→ Das Schwert ziehen?
→ Sich in Ninja-Pose werfen?
→ Üble Beleidigungen ausstossen?

Nein, eben nicht. Die Hörner einer Kuh sind dazu da, allem ernsthaften Schaden zuzufügen, was der Kuh Angst macht, sie erschreckt oder auf andere Weise reizt. Also erzähl einer Kuh lieber keine blöden Kuhglockenwitze wie den vorhin …

2017 war eine Frau in Chevenez im Jura mit ihrem Hund unterwegs und wollte eine umzäunte Weide überqueren, auf der 200 Kühe standen. Kaum war sie über den Zaun gestiegen, war es um sie geschehen: Die Kühe griffen an. Zwar kam sie mit dem Leben davon, hatte aber drei Rückenwirbel und acht Rippen gebrochen. Zu ihrem Glück waren es enthornte Kühe gewesen, sie hatten sie also nicht aufspiessen können … nur ein bisschen zerquetschen.

Ueli hatte das Gefühl, schon ewig auf diesem Baum zu sitzen

Rumpf (alias Knochenbrecher)

Im Durchschnitt wiegt eine Kuh 753 kg und kann 35 Stundenkilometer schnell rennen. Ein durchschnittlicher Schweizer wiegt 70 kg und rennt bis zu 40 Stundenkilometer schnell. Wenn also eine Kuh und ein Mensch um die Wette rennen, ist der Mensch eindeutig leicht im Vorteil, oder?

Auch wenn Kühe wirklich massige Geschöpfe sind, können sie sich (als wahre Meister der Irreführung) *viel* schneller bewegen, als man normalerweise vermutet. Sie nutzen dieses Überraschungsmoment, um Menschen niederzurennen und zu zerquetschen. Hat der Betreffende besonders viel Pech, wird er dazu noch aufgespiesst (siehe oben) und zertrampelt (siehe unten). Autsch.

2012 wanderten zwei Frauen und ein Hund in Saint-Gingolph im Wallis über eine offene Weide, als sie von einer Kuhherde angegriffen wurden. Es gelang den Kühen, eine der Frauen umzuwerfen und ihr auf den Schädel zu hauen. Anscheinend war das nur als Warnung gedacht, denn sie liessen sie am Leben, damit sie diese Geschichte unter den Menschen verbreiten konnte, die es eventuell wagen wollten, dieselbe Weide zu überqueren.

Von Stieren wollen wir gar nicht erst reden. Mit einem Gewicht von durchschnittlich 900 Kilogramm wiegen sie sogar noch mehr als Kühe. Zugegeben, sie rennen etwas langsamer als die weiblichen Tiere, sind aber noch wesentlich tödlicher. Wenn sie schlecht drauf sind und dich erwischen, bist du erledigt!

Beine und Klauen *(alias Stampeden-Grundausstattung)*

Kühe und Stiere können ziemlich unberechenbar sein – falls man sich falsch verhält, falsch reagiert oder eine Kuh erschreckt, ist es gut möglich, dass man von der ganzen Herde zermalmt wird.

Ein Herdenangriff kann genau geplant und abgestimmt sein, oftmals mit dem Ziel, den Angreifer zu vernichten. Wenn eine Herde glaubt, sich verteidigen zu müssen, bilden die Kühe, die Köpfe nach innen gerichtet, einen Kreis. Dann senken sie die Köpfe und stampfen auf dem Boden auf, um in die Flucht zu schlagen, was auch immer ihnen Angst macht. Falls das nicht klappt, geben die höherrangingen Kühe ihrer Herde das Signal für eine Stampede – sprich: für einen Sturmangriff. Normalerweise versuchen sie dabei zuerst, den Eindringling zu treten, zu verletzen und niederzutrampeln …

ihn also irgendwie zu Boden zu zwingen. Dann schieben sie ihre Köpfe unter das Opfer, werfen es in die Luft und lassen es krachend fallen, wieder und immer wieder.

In Laax wanderte 2015 eine Deutsche über eine offene Weide mit Kühen und Kälbern. Es war nicht gerade ihr Glückstag ... die Herde rastete aus, überrannte sie und trampelte sie zu Tode. Also niemals eine Mutterkuh reizen!

Kühe hecken einen ihrer teuflischen Pläne aus

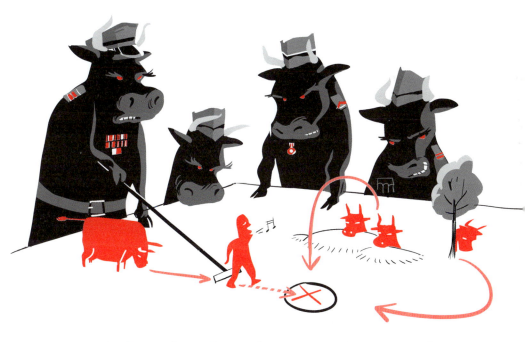

A: Der Mensch macht etwas Dummes und die Kuh ärgert sich.

B: Die Kuh geht auf den ahnungslosen Menschen los.

C: Die Kuh rennt den Menschen um.

D: Die Kuh zerquetscht den Menschen.

E: Je nach Lust und Laune spiesst die Kuh den Menschen auch noch auf.

Den Leuten ist nicht klar, dass Kühe meistens absichtlich angreifen. Was heisst, dass die Kühe die Menschen aus irgendeinem Grund verletzen *wollen*. Also aufgepasst, sonst endest du irgendwann auf den Hörnern oder unter den Beinen einer wütenden Kuh ... oder einer ganzen Kuhherde!

Der Hintern – Teil 1 (alias die Dungfabrik)

Ja, du liest richtig: Kuhkacke ist in der Schweiz für Dutzende Tote pro Jahr verantwortlich. Was für ein Scheiss, denkst du? Ja, genau.

Allein 2013 erlitten 61 (in Worten: einundsechzig!) Schweizer einen schweren «Unfall», bei dem Kuhdung eine Rolle spielte. «Wie kann das sein?», fragst du. Ist es denn so schwierig, um Kuhfladen einen Bogen zu machen?

Wenn du nicht auf dem Land lebst oder häufig in den Alpen wandern gehst, ist Kuhkacke für dich wohl eher etwas, worüber du Witze reisst, als dass du es als echte Bedrohung siehst. Okay, beim Geruch eines frischen Kuhfladens muss man vielleicht die Nase rümpfen, aber er bringt einen nicht um. Oder?

Killer-Kuhfladen

Von den einundsechzig oben erwähnten «Scheiss-Unfällen» wurden vierundvierzig durch das Einatmen von Faulgasen verursacht. Diese entstehen nicht durch die vielen Kuhfladen auf der heimischen Wiese oder dem Wanderpfad in den Alpen, denn «was auf der Alp passiert, bleibt auf der Alp». An der frischen Luft trocknen die Fladen ziemlich schnell, es entweichen nicht einmal genug Gase, um einer Fliege etwas zuleide zu tun. Ganz im Gegenteil, die Fliegen lieben sie, aber das ist eine andere Geschichte ...

Die Kuhausscheidungen auf den Höfen verursachen das Problem, insbesondere im Winter. Denn in den kalten Monaten werden die Kühe in Ställen gehalten und der ganze Urin und die Kacke wird in unterirdischen Tanks gesammelt. Dort bleiben die Fäkalien den Winter über und gären – wie Wein – vor sich hin, bis sie im Frühjahr als Jauche zum Düngen auf die Felder ausgebracht werden. Diese Jauche ist das eigentlich Gefährliche.

Wenn die Gase, die aus dem Sammeltank entweichen, dich nicht auf der Stelle vergiftet haben, dann vermeide tunlichst, in einen dieser Faulbehälter zu fallen. Was nämlich offenbar hin und wieder passiert. Bei elf der einundsechzig vorher erwähnten schweren Unglücksfälle ist jemand in einen solchen Tank gefallen. Und das ist gar nicht lustig. Vor allem weil einige, die in der Jauche starben, nicht einfach hineingefallen, sondern hineingesprungen sind, um jemand anderen zu retten, dem dieses Missgeschick passiert ist ... und es nicht wieder hinausgeschafft haben. Echt scheisse.

Weitere sechs schwere Unglücksfälle waren auf Methanexplosionen zurückzuführen. Die Gase in den Faultanks haben zu viel Druck aufgebaut, und dann –

Ein Kack-Knall.

Neue Warnzeichen

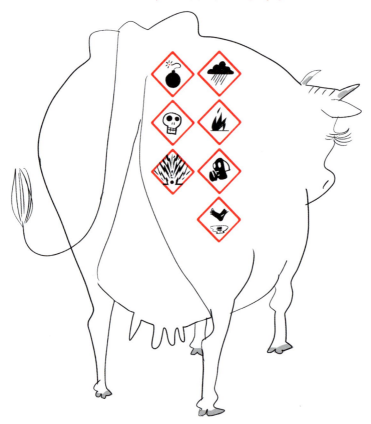

Der Hintern – Teil 2 (alias der Ozon-Übeltäter)

Zwar werden es die Kühe niemals schaffen, uns alle mit ihren Hörnern, Rümpfen, Beinen, Klauen und Fäkalien umzubringen, doch sie haben zwei weitere tödliche Waffen im Arsenal: Pupse und Rülpser. Und das sind wahrscheinlich die gefährlichsten von allen, denn sie könnten sogar die ganze Menschheit auslöschen.

Von den Treibhausgasen hast du ja sicher schon mal gehört – das sind die Gase, die verhindern, dass die Erdatmosphäre Wärme abgibt, und so zur Erderwärmung führen. Wenn die Durchschnittstemperatur auf der Erde weiterhin so schnell steigt wie bisher, wird das Eis an den Polkappen weiter schmelzen, der Meeresspiegel weiter steigen, und es wird mehr wetterbedingte Katastrophen geben wie Hurrikane, Überschwemmungen, Dürren, Waldbrände etc.

Die Hauptverursacher von Treibhausgasen sind Fahrzeuge, die mit fossilen Brennstoffen betrieben werden; Strom, der durch die Verbrennung fossiler Energieträger erzeugt wird; Industrien, die zur Energiegewinnung fossile Brennstoffe nutzen; und Menschen, die ihre Häuser mit fossilen Brennstoffen heizen. Falls du dich jetzt fragst, was fossile Brennstoffe sind: Grösstenteils ist damit Kohle, Öl und Gas gemeint.

Was aber hat das mit Kuhrülpsern und -pupsen zu tun? Kühe werden doch nicht mit Kohle, Öl oder Gas betrieben? Nein. Aber sie produzieren eine Menge derselben Gase, wenn sie aufstossen oder «einen fahren lassen».

Das schweizerische Bundesamt für Umwelt schätzt, dass die Schweizer Rinder mit ihren Rülpsern und Pupsen für etwa 6,4 % der Treibhausgase in der Schweiz verantwortlich sind. Davon stammen drei Viertel von ihren Rülpsern – der Rest entweicht ihren Hinterteilen. Weitere 2,2 % der Treibhausgase in der Schweiz entstehen durch die verrottenden Kuhfladen in Gruben oder auf den Weiden. Die kriminellen Kühe der Schweiz sind also für fast 9 % der schweizerischen Treibhausgase verantwortlich.

Rülpser und Pupse der Kühe im Vergleich zu Autoabgasen

Andererseits gehen 20 % der schweizerischen Treibhausgase aufs Konto der Schweizer Autofahrer. Diese verursachen also doppelt so viel Schaden wie all die rülpsenden, pupsenden und kackenden Kühe zusammen.

Allerdings gibt es in der Schweiz sehr viel mehr Autos als Kühe. Genauer gesagt, viermal so viele. Noch 2017 standen circa 6 053 000 Autos «nur» 1 544 612 Kühe gegenüber. Also ist eine pupsende Kuh schlimmer als ein Auto mit seinen Abgasen.

Ein weiterer Beweis, dass diese niedlichen, wiederkäuenden Kühe uns an den Kragen wollen!

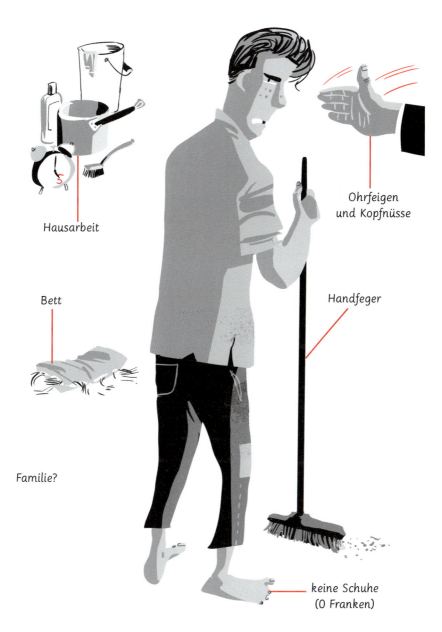

Ein typischer Anblick in Europa nach dem ersten Weltkrieg

In der Schweiz waren die Menschen ein bisschen besser dran als im Rest von Europa. Doch obwohl sich die Schweiz aus dem Ersten Weltkrieg herausgehalten hatte, gab es auch hier mehr arme, kranke und hungrige Menschen als je zuvor. Das brachte die Schweizer Regierung auf eine Idee: Es war an der Zeit, die Gesellschaft im grossen Stil «zu reinigen». Ihrer Vorstellung nach hatten *schlechte Menschen* auch *schlechte Kinder*, die dann wiederum weitere *schlechte Menschen* zeugten. Man musste sie also unbedingt daran hindern, Kinder zu haben!

Wer waren diese *schlechten* Menschen, die keine Kinder haben sollten?

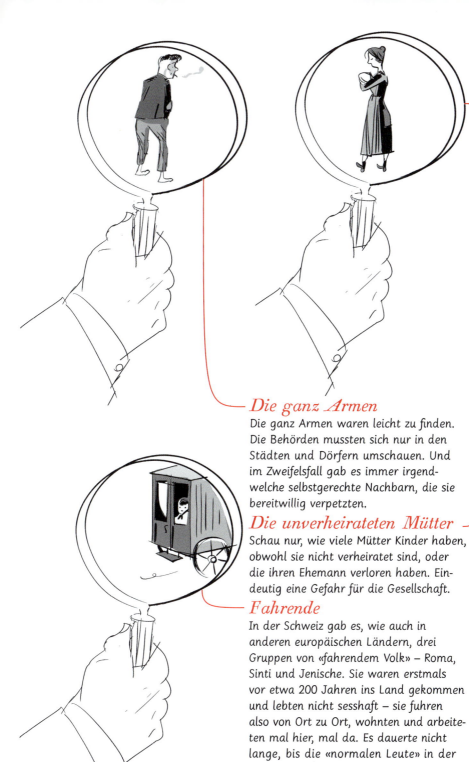

Die ganz Armen
Die ganz Armen waren leicht zu finden. Die Behörden mussten sich nur in den Städten und Dörfern umschauen. Und im Zweifelsfall gab es immer irgendwelche selbstgerechte Nachbarn, die sie bereitwillig verpetzten.

Die unverheirateten Mütter
Schau nur, wie viele Mütter Kinder haben, obwohl sie nicht verheiratet sind, oder die ihren Ehemann verloren haben. Eindeutig eine Gefahr für die Gesellschaft.

Fahrende
In der Schweiz gab es, wie auch in anderen europäischen Ländern, drei Gruppen von «fahrendem Volk» – Roma, Sinti und Jenische. Sie waren erstmals vor etwa 200 Jahren ins Land gekommen und lebten nicht sesshaft – sie fuhren also von Ort zu Ort, wohnten und arbeiteten mal hier, mal da. Es dauerte nicht lange, bis die «normalen Leute» in der Schweiz – die, die einen festen Wohnsitz hatten – zu dem Schluss kamen, dass man den Fahrenden nicht trauen konnte.

Was kann man also tun, wenn es viele «schlechte Menschen», wie die oben aufgeführten, in einem Land gibt?
1. Ihnen helfen?
2. Sie nicht weiter beachten?
3. Ihnen die Kinder wegnehmen, damit sie langsam, aber sicher weniger werden?

Nun, die Schweizer Behörden entschieden sich für die dritte Möglichkeit. Von den 1920er bis in die 1980er Jahre hinein nahmen sie schätzungsweise 100 000 unliebsame Kinder aus ihren unliebsamen Familien. Damit diese ein «normales» Leben führen lernten und sich zu weniger unliebsamen Menschen entwickelten, brachte man sie woanders unter.

Und wie ging das? Nun, die Kinder wurden gezwungen, unter miserablen Bedingungen zu arbeiten, wofür sie allerdings nie bezahlt wurden. Die meisten Menschen würden sie deshalb als *Kindersklaven* bezeichnen, in der Schweiz aber nannte man sie «Verdingkinder».

Wohin hat man die Sklaven …, äh, Verdingkinder zum Arbeiten geschickt?

1. **Landarbeiter-Märkte:** Ob ihr's glaubt oder nicht, die Behörden haben tatsächlich viele dieser Kinder auf Märkten versteigert. Die Bauernfamilie, die am wenigsten monatliches Kostgeld von der Gemeinde verlangte, bekam den Zuschlag. Manche dieser Kinder wurden dann gezwungen, zwölf Stunden pro Tag auf dem Bauernhof zu schuften. Viele mussten bei den Tieren im Stall schlafen und durften nicht mit der Familie zusammen essen, die sie gekauft hatte. Oft hungerten sie, wurden misshandelt und missbraucht. In den 1930er Jahren war im Kanton Bern ein Fünftel der Landarbeiter jünger als 15 Jahre. Die meisten von ihnen waren Verdingkinder.
2. **Pflegefamilien:** Natürlich gab es auch liebevolle Pflegefamilien. Aber meistens waren sie schrecklich, und die Kinder wurden geschlagen und missbraucht, mussten hungern und ebenfalls viele Stunden am Tag unbezahlt arbeiten.

3. <u>Heime:</u> Wenn die Kinder nicht auf einem Bauernhof arbeiten konnten und sich keine Pflegefamilie für sie fand, wurden sie in Altenheime, Irrenanstalten oder andere Einrichtungen gesteckt, in denen Platz war. Und dann zwang man sie dort zum Arbeiten … sogar ganz Kleine, die noch kaum laufen konnten.
4. <u>Gefängnisse:</u> Manche Kinder wurden einfach ins Gefängnis geworfen, ohne dass sie etwas verbrochen hatten und ohne dass es vorher irgendein Gerichtsverfahren gegeben hätte. Und auch die Kinder in den Gefängnissen mussten arbeiten.

Das waren also die verschiedenen Formen der Unterbringung

Bauernhof

Familie

Heim

Gefängnis

Bei all dem hatten die Eltern nichts mitzureden. Wenn sie ihr Schicksal einfach hinnahmen, verloren sie ihre Kinder. Wenn sie sich dagegen wehrten, verloren sie ihre Kinder auch ... riskierten dann aber zusätzlich, selbst in einem Heim oder im Gefängnis zu landen.

Die Fahrenden traf es besonders schlimm. Vielen von ihnen nahm man nicht nur die Kinder weg, sondern zwang sie kurz darauf auch noch, sich von einem Arzt sterilisieren zu lassen, damit sie keine weiteren unliebsamen Kinder bekommen konnten. Sogar manche ihrer Kinder wurden zu dieser Operation gezwungen, um sicherzugehen, dass sie später, wenn sie älter waren, nicht selbst solchen unliebsamen Nachwuchs in die Welt setzten.

Und um der Ungerechtigkeit noch eins draufzusetzen, verlangte die Gemeindebehörde von den Eltern oft ein monatliches «Betreuungsgeld» dafür, dass man ihnen ihre Kinder gestohlen und sie zu Sklaven gemacht hatte.

Zeitsprung ins 21. Jahrhundert. Dass man Kinder aus «schlechten» Familien reisst, ist schon länger nicht mehr üblich, aber die noch lebenden Verdingkinder und ihre Familien erinnern sich nur zu gut an diese entsetzlichen Zeiten. Obwohl die meisten Schweizer wussten, was passierte, haben viele dazu geschwiegen. Und es hat viele Jahre gedauert, bis aus Scham und Schweigen ein Raunen wurde, aus dem dann endlich eine öffentliche Diskussion entstand. Dabei spielten einstige Verdingkinder, die heute erwachsen sind, eine Vorreiterrolle. Sie nahmen kein Blatt mehr vor den Mund und sagten in Zeitungen und im Fernsehen deutlich ihre Meinung. Um die Öffentlichkeit aufzurütteln und Wiedergutmachung zu erhalten, organisierten sie einen Marsch von Bern nach Genf. Schliesslich lud die Regierung alle noch lebenden Opfer – also Kinder und Eltern – zu einem Gedenkanlass in Bern ein, wo sich der Bundesrat «von ganzem Herzen» bei ihnen entschuldigte.

Doch eine Entschuldigung allein genügte nicht.

2014 startete daher eins der ehemaligen Verdingkinder eine Volksinitiative. Nach ihrem Zustandekommen hat die Regierung die Forderungen teilweise übernommen und 300 Millionen Schweizer Franken für die noch lebenden Betroffenen von fürsorgerischen

Zwangsmassnahmen in Aussicht gestellt. Für ihre gestohlene Kindheit erhalten ehemalige Verdingkinder seit 2018 erste Zahlungen.

Und wir halten fest …
- Kinder dürfen niemals zu Sklaven gemacht werden.
- Kinder dürfen niemals zu Sklaven gemacht werden.
- (und noch einmal, damit es sich wirklich alle hinter die Ohren schreiben …)

KINDER DÜRFEN NIEMALS ZU SKLAVEN GEMACHT WERDEN

Tolle Schweiz

Die Welt dank Schweizer Erfindungen

Erfindungen

1659: Das Teilungszeichen

Den Erfinder des Teilungszeichens findest du wahrscheinlich alles andere als toll, stimmt's? Schliesslich ist er schuld daran, dass du dich in der Schule mit Divisionsrechnungen herumschlagen musst …

Aber glaub mir: Johann Heinrich Rahn (1622–1676) war schon ein toller Kerl. Als er in Zürich geboren wurde, hatte sich die Menschheit seit Tausenden von Jahren mit Mathematik beschäftigt – und ja, auch mit Divisionsrechnungen. Die Ägypter waren da schon ziemlich weit gekommen, arbeiteten aber immer noch mit eher ungenauen Methoden.

All das entsprang Rahns Kopf

1659 erfand Rahn das Teilungszeichen, das eine obere Zahl (dargestellt durch einen Punkt) zeigen soll, die durch eine untere Zahl (ebenfalls als Punkt dargestellt) geteilt wird. Während Rahns Symbol in Amerika und Grossbritannien schon bald übernommen wurde, konnte man sich im übrigen Europa nicht damit anfreunden. Das lag hauptsächlich daran, dass damals das «÷» in seiner gedruckten Form den Platz von drei ganzen Zeilen brauchte. Und das war ein grosses Problem, denn die Drucktechnik war zu jener Zeit noch nicht so fortgeschritten. Ein deutscher Mathematiker versuchte die Sache zu vereinfachen und wandelte 1684 das «÷» in ein platzsparenderes «:» um. Und dieses Symbol wird in Europa bis heute überwiegend verwendet, Amerikaner und Briten hingegen halten an Rahns «÷» fest. Man könnte also sagen, die Meinungen bei diesem Thema sind «geteilt».

1819: Schokoladentafeln

An Schokolade erfreut sich die Menschheit bereits seit etwa 350 vor Christus, lange bevor man so etwas wie «Schweizer Schokolade» kannte. Kakaobäume wachsen in Mittelamerika in freier Natur, und das dort ansässige Volk der Maya zerrieb die Kakaobohnen zu einer Paste und vermischte sie mit Chilipulver, Maismehl und Wasser zu einem kakaoartigen Getränk. Es schmeckte bitter und knirschte zwischen den Zähnen, aber die Maya und auch die Azteken fanden es klasse.

Die Zahnärzte der Maya waren damals sehr beschäftigt

Von Kakao hörte man zum ersten Mal in Europa, als Christoph Kolumbus Anfang des 16. Jahrhunderts der spanischen Königsfamilie einen Sack Kakaobohnen aus Mittelamerika mitbrachte – die deswegen schier ausflippte! Man rührte Zucker und Honig in das Kakaogetränk, damit es süsser wurde, aber es blieb trotzdem ein grobkörniges Zeug, das zwischen den Zähnen knirschte. Ausserdem machte es das teure Getränk noch teurer, denn auch Zucker war damals nicht so leicht zu bekommen.

Seit die Königsfamilie Zahnlücken und Löcher in den Zähnen hatte, lagen schlechte Zähne voll im Trend

Nachdem auch das übrige Europa Geschmack an der Kakaobohne gefunden hatte, wetteiferte man darum, wer die beste Trinkschokolade machen konnte. Bis ins frühe 19. Jahrhundert blieb Schokolade ein Getränk für Reiche. Dann tauchte ein gewisser François-Louis Cailler (1796–1852) aus dem westschweizerischen Vevey auf. Von da an veränderte sich Schokolade – und die Art und Weise, wie man sie verzehrte – von Grund auf.

Cailler kostete als Jugendlicher auf einem Jahrmarkt zum ersten Mal italienische Schokolade. Er war davon so angetan, dass er beschloss, nach Italien zu gehen und dort die Kunst der Schokoladenherstellung zu erlernen. Als er in die Schweiz zurückkehrte, brachte er sein frisch erworbenes Wissen mit (was die Italiener weniger gefreut haben dürfte) und gründete 1819 seine eigene Schokoladenfabrik in Vevey. Anfangs verkaufte er seine körnige Schokoladenpaste als sündhaft teuren Gesundheitstrunk.

Doch mit der Zeit fand Cailler eine Methode, um feine, feste Schokolode herzustellen, die sich in Tafelform pressen liess – und produzierte diese dann in grosser Anzahl maschinell. Dadurch wurde Schokolade billiger und für nahezu jeden erschwinglich. Heute können wir uns alle das Vergnügen gönnen, die feste Schokolade, die er erfunden hat, in den Händen zu halten, bis sie uns über die Finger läuft. Denn wer leckt sich nicht gern dieses zarte cremigklebrige Zeug von den Fingern?

Caillers Beitrag zur Zahnmedizin

1843: Würfelzucker

Bis 1843 kauften die Leute Zucker in Form von grossen, braunen, kegelförmigen Gebilden namens «Zuckerhüten» (hmmm ... klingt lecker, oder?), und von denen hackten sie ab, was sie zum Kochen oder Backen brauchten. Die Zuckerstücke in der richtigen Grösse herauszubrechen war gar nicht so leicht, wenn man bedenkt, dass die einzigen dafür verfügbaren Werkzeuge schwere, gusseiserne Zuckerzangen und Zuckerbrecher waren, mit denen man sich leicht in den Finger zwickte.

Fingerzwicker in Nahaufnahme

Jakob Christof Rad (1799–1871) aus dem schweizerischen Rheinfelden leitete eine Rübenzuckerfabrik. Er und seine Frau Juliana hatten sechzehn Kinder (ja, wirklich sechzehn!), man kann sich also denken, dass Juliana ziemlich oft damit beschäftigt war, Stückchen von dem grossen braunen Zuckerhut abzubrechen. Als sie sich zum x-ten Mal in die Finger gezwickt hatte, bat sie Jakob, er solle sich etwas einfallen lassen, um Zucker in Einzelportionen herzustellen. Jakob machte verschiedene Experimente und entwickelte schliesslich eine Methode, bei der grosse Brocken zerrieben, ein wenig angefeuchtet, dann in Formen gepresst und über Nacht getrocknet wurden. Als er seiner stummelfingrigen Frau eine Schachtel mit diesem Würfelzucker überreichte, war sie hellauf begeistert (und die sechzehn Kinder auch). Von da an produzierte Jakob täglich zehn Tonnen Würfelzucker und verkaufte ihn in ganz Europa.

Der süsse Erfolg!

1923: Der Riri-Reissverschluss

Martin Othmar Petrus Notker Winterhalter (1889–1961) war alles andere als ein Durchschnittstyp. Geboren 1889 als jüngstes von sieben Kindern in St. Gallen, galt er von Anfang an als Spinner ... was ihm seine sechs Geschwister auch bei jeder Gelegenheit unter die Nase rieben und ihn deswegen sein Leben lang verspotteten. Vielleicht nicht ganz zu Unrecht, denn Winterhalter flog von einer Schule nach der anderen, und als er endlich seinen Schulabschluss geschafft hatte, verjubelte er sein ganzes Erbe bei einer einzigen, aberwitzigen Reise durch Frankreich. Während dieser Reise fand Winterhalter Geschmack am guten Leben und beschloss, Millionär zu werden – und zwar aus eigener Kraft, nicht durch eine Erbschaft. Er begann 1911, in Deutschland Rechtswissenschaften zu studieren; das nötige Geld dafür verdiente er mit einem sogenannten Leistenbruchband, das er erfunden hatte. Dieses Band war gerade bei älteren Offizieren des Ersten Weltkriegs sehr gefragt, die an einem Leistenbruch litten. (Ein Leistenbruch, auch Hernie genannt, ist ein Loch im Bauchmuskel, durch das sich der Darm nach aussen stülpen kann. Appetitlich, nicht wahr?).

Eigentlich müsste es «Winterhalter-Hernienhalter» heissen

Kurz darauf besuchte ein Amerikaner die Schweiz und brachte eine merkwürdige Ware mit: einen Reissverschluss. Und zwar nicht irgendeinen, sondern einen höllisch komplizierten, den niemals irgendjemand benutzen würde, der seine fünf Sinne beisammen hatte. Auf jeder Seite des Reissverschlusses mussten Haken in Ösen eingehängt werden, ehe man den Reissverschluss zuziehen konnte, was eine Ewigkeit dauerte.

Die Idee für den RiRi-Reisverschluss

Die hiesigen Schneiderwerkstätten fanden die Idee des Amerikaners lachhaft und verwiesen ihn an den einzigen Menschen, den sie für verrückt genug hielten, sich dafür zu interessieren: Martin Winterhalter.

Tatsächlich war Winterhalter mehr als nur interessiert. Er verkaufte alles, was er und seine Frau besassen, bis hin zum Tafelsilber, um das Recht zu erwerben, die Idee des Amerikaners zu nutzen – und wahrscheinlich überlegte sich seine Frau etwa zur selben Zeit, ihren verrückten Ehemann zu verlassen (was sie dann auch tat). Winterhalter verbrachte die nächsten Jahre damit, den Reissverschluss zu verbessern, wobei er die Haken und Ösen durch Rippen und Rillen ersetzte. 1925 erblickte der Riri-Reissverschluss das Licht der Welt. Und ab da wurde es richtig verrückt.

Der Riri-Reissverschluss machte Winterhalter sagenhaft reich. 1929 wurde er in Luxemburg, Deutschland, Italien und der Schweiz hergestellt und in alle Welt verschifft. Das Geschäft lief glänzend.

Doch wie so oft folgten auf Ruhm und Reichtum Niedergang und Unglück. Im Alter von vierzig Jahren erlitt Winterhalter beim Skifahren in Engelberg eine Kopfverletzung. Kurz darauf machte er noch verrücktere Sachen, was seine Geschwister höchst beunruhigte:

1. Er redete davon, dass er Gebäude und Strassen entwerfen und bauen wollte, die aus Riri-Reissverschlüssen bestanden.

2. Er war davon überzeugt, in seinem Garten magische Steine gefunden zu haben, die den Menschen im Jenseits von Nutzen sein konnten.
3. Und was seinen Geschwistern wohl am meisten Sorgen machte: Er fing an, richtig viel Geld für ständig neue junge und hübsche Sekretärinnen auszugeben.

Wo der Reissverschluss überall angewendet wird

Im Jahr 1941 stand für Winterhalters Geschwister fest, dass er völlig durchgedreht war. Ausserdem erinnerten sie sich, dass Winterhalter keine Kinder hatte – die Ehefrau war ihm ja davongelaufen. Das bedeutete, dass es keinen Erben für sein riesiges Reissverschluss-Imperium gab. Wer würde wohl all das Geld kriegen, wenn Winterhalter einmal starb? Hmmm?

So war es vielleicht kein Zufall, dass seine Geschwister ihn genau zu dieser Zeit aus seinem Haus entführen, unter Drogen setzen, in ein Auto werfen und nach Burghölzli in die berühmte Klinik für Geisteskranke verfrachten liessen.

Oje ...

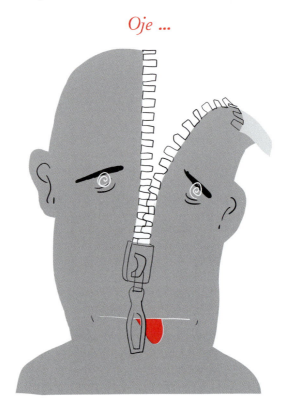

Die Ärzte in Bürghölzli entliessen Winterhalter bereits nach wenigen Tagen, doch seine Geschwister gaben nicht auf. Sie sorgten dafür, dass er in ein Sanatorium nach dem anderen gebracht wurde, weil sie darauf hofften, dass ihn irgendwann mal eins auf Dauer dabehalten würde. Dank seiner jungen und hübschen Sekretärinnen kam Winterhalter immer wieder auf freien Fuss, bis ihn schliesslich doch einmal sein Glück im Stich liess. Aus der letzten Anstalt konnte er nicht mehr entkommen und blieb dort elf Jahre eingesperrt ... bis zu seinem Tod.

Was aus Winterhalters riesigem Vermögen wurde, weiss niemand, es ist bis heute ein Geheimnis. Und die Lippen seiner Angehörigen sind verschlossen wie Reissverschlüsse ...

1951: *Der Klettverschluss*

George de Mestral (1907–1990) war ein Ingenieur aus dem schweizerischen Waadtland und zeigte schon in ganz jungen Jahren einen ausgeprägten Erfindergeist.

Als de Mestral 1941 einmal von einem Ausflug im Jura-Gebirge zurückkam, stellte er fest, dass an seinen Schuhen, seinen Kleidern und seinem Hund Klettensamen klebten. Er untersuchte sie unter dem Mikroskop und sah, dass die Samen winzige Widerhaken hatten, die an jeder Oberfläche haften blieben, sofern dort Schlaufen zum «Einhaken» vorhanden waren.

Braver Hund

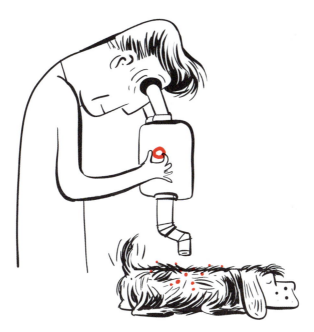

Bada-bing-bada-bam! De Mestral hatte einen Geistesblitz. In den nächsten Jahren experimentierte er mit Haken- und Schlaufenoberflächen von unterschiedlichen Materialien … aber nichts funktionierte.

Weil er sich noch nicht geschlagen geben wollte, fuhr de Mestral zu verschiedenen Stoffherstellern und stellte ihnen seine Idee vor. Bei den ersten sechs Firmen setzte man ihn lachend vor die Tür. Schliesslich fand er aber einen Stoffproduzenten, der seine Idee nicht für völlig hirnverbrannt hielt. Gemeinsam entwickelten sie einen aus Baumwolle und Nylon bestehenden Stoff ... und mit dem klappte es.

Einen Namen hatte de Mestral auch schon parat: Velcro, das ist eine Kombination aus den französischen Wörtern «velours» (Samt) und «crochet» (Haken).

Toll! Also ein voller Erfolg?

VON WEGEN.

De Mestral hoffte, seine Klettverschlüsse würden in der Modeindustrie als zuverlässigerer und weniger nervtötender Ersatz für die ständig klemmenden und brechenden Reissverschlüsse verwendet werden. Doch niemand wollte Klettband haben; es hiess, es sehe aus wie Schnipsel von billigem Stoff.

Der Durchbruch kam erst, als die NASA die Vorteile des Klettbandes für die Raumfahrt entdeckte. Sie verklebten den einen Teil des Bandes im Inneren des Raumschiffes, den anderen an den Werkzeugen der Astronauten.

Super! Jetzt schweben hier keine Werkzeuge mehr herum

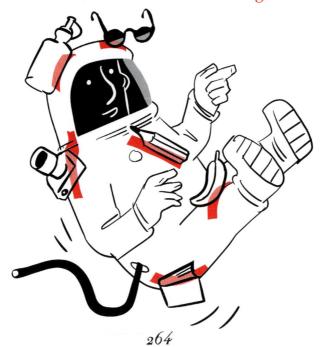

Nachdem die in der Raumfahrt eingesetzten Klettverschlüsse durch die Fernsehbilder weltbekannt geworden waren, verwendete man sie für alles mögliche, für Sportschuhe und -zubehör, Surf- und Taucheranzüge, Schutzhüllen, Büroartikel, Brieftaschen und – ja, am Ende sogar für Kleidung. In den 1960er Jahren war der Modeschöpfer Pierre Cardin geradezu besessen von Klettverschlüssen, und andere ahmten ihn bald nach. De Mestrals Erfindung ist aus der heutigen Welt nicht mehr wegzudenken.

1939: *Das Geruchskino*

Die Schweizer sind als ein erfinderisches Völkchen bekannt, das es versteht, Fragen und Probleme auf kluge und geistreiche Weise zu lösen. Manches ging aber auch gründlich daneben. Wie das Geruchskino.

Hans Laube (1900–1976) glaubte, dass alle Dinge auf der Welt, sogar Gefühle, einen Geruch hätten. Dummerweise beliess er es nicht einfach bei diesem Gedanken. Im Zürich der 1930er Jahre entwickelte Hans eine Vorrichtung, die Gerüche passend zum Geschehen des jeweiligen Films in einen Kinosaal blasen konnte.

Wenn man also *Heidi* zuguckte, wie sie durch die Berge spaziert, sollte man frisch gemähtes Gras riechen. Wenn hingegen in einer Vorführung von *Twilight* Vampire einer armen Seele in den Hals bissen, hätte dir Blutgeruch um die Nase geweht. Sah man *101 Dalmatiner*, wie sie zwischen Hundehaufen hockten ... na ja, ich denke, du hast es verstanden.

Hans präsentierte sein Geruchskino 1939 bei der Weltausstellung in New York, allerdings ohne Erfolg. Dann versuchte er die Film- und Fernsehstudios von Hollywood für seine Idee zu begeistern, doch schon nach kurzem «Hineinschnuppern» hatten alle buchstäblich die Nase voll.

Doch nun kam Michael Todd ins Spiel, ein Filmproduzent in Hollywood und Freund ausgefallener Ideen. Er produzierte zusammen mit Hans einen Film namens *Scent of Mystery* (auf deutsch «Duft des Geheimnisses»), der 1960 in den Verleih ging. Keine gute Idee in Anbetracht der damaligen technischen Möglichkeiten ... es gab Probleme ohne Ende.

Manche Besucher fanden die Gerüche zu stark, andere zu schwach. Die Leute auf den Balkonplätzen rochen erst etwas, wenn die Szenen längst vorbei waren. Anderen wurde schlecht. Wenn die Aromen über die Leitungen hereingeblasen wurden, gab es jedes Mal ein lautes Zischen, und manche Leute hörten den Ton des Films nicht, weil andere so laut schnieften.

Scent of Mystery ging als Riesenflop in die Geschichte ein und verschwand rasch wieder von der Kinoleinwand. Die Zeitschrift *Time Magazine* listete ihn im Jahr 2000 als einen der 100 schlechtesten Ideen aller Zeiten auf. Armer Hans.

Noch ein paar erwähnenswerte Schweizer Erfindungen:

1908: Toblerone
Schokolade in Form von Berggipfeln, erfunden 1908 von den Tobler-Vettern in Bern. Würde man alle jährlich auf der Welt verzehrten Toblerone-Stangen hintereinander legen, ergäben sie eine Länge von 62 000 Kilometer – mehr als der Erdumfang.

1912: Alufolie
Die Firma Dr. Lauber, Neher & Cie. begann 1912 in Emmishofen in der Schweiz Aluminiumfolie herzustellen. Bis dahin hatte man Zinnfolie zum Einwickeln von Lebensmitteln benutzt, aber sie war nicht so biegsam und hinterliess einen Metallgeschmack. Urgh … Mit der Verwendung von Aluminium anstelle von Zinn waren beide Probleme gelöst.

1938: Nescafé
Als 1930 der Absatz brasilianischer Kaffeebohnen zurückging, bat die Regierung des Landes die Firma Nestlé, einen löslichen Kaffee zu entwickeln, den man nur mit heissem Wasser aufgiessen musste. Nach siebenjähriger Forschung brachte Nestlé am 1. April 1938 Nescafé auf den Markt. Heute werden in jeder Sekunde mehr als 5500 Tassen Nescafé auf der Welt getrunken.

1952: Rivella
Rivella gilt als Nationalgetränk der Schweiz. Sein Erfolg ist verwunderlich, denn es handelt sich um eine kohlensäurehaltige Limonade aus Kräuter- und Fruchtauszügen, Zucker und Molke (einem Nebenprodukt der Käseherstellung). Rülps!

1981: Swatch-Uhren
In den 1960er und 1970er Jahren überfluteten billige japanische Digitalarmbanduhren den Markt, woraufhin die Verkaufszahlen für herkömmliche Analoguhren zurückgingen. Die Schweiz, berühmt

für ihre hochwertigen, aber auch sehr teuren Zeitmesser, wehrte sich mit ihren preiswerten, modischen Swatch-Uhren dagegen und ist heute Marktführer sowohl bei günstigen als auch bei exklusiven Armbanduhren.

Ende

So. Hier sind wir nun also. Das ist die Schweiz und ihre verblüffende, blutige und ganz und gar wahre Geschichte. Unglaublicherweise habe ich folgende Themen vermieden:

… Kuckucksuhren (nicht einmal erwähnt!)
… Heidi (na ja, einmal erwähnt)
… Schokolade (nur selten erwähnt)
… und Wilhelm Tell (OK, er hat ein ganzes Kapitel gekriegt …)

Jetzt weisst du viel mehr über die Vergangenheit der Schweiz – und zwar über die tollen und bewundernswerten Themen genauso wie über die nicht so tollen und nicht so bewundernswerten Themen.

Die heutigen Schweizer sind alle Teil der Schweizer Gegenwart, die irgendwann mal auch zu Geschichte wird. Das ist also nicht wirklich das Ende. Wie wird die Zukunft der Schweiz aussehen? Nun, die geht uns alle an!

Dank

Vielen Dank an meine unerschrockenen kritischen Freundinnen, die bei diesem Abenteuer dabei waren, seit mir der erste Ideenfunke für ein Buch über die Schweiz durch den Kopf ging. Joy Manné, Anita Lehmann, Jeannine Johnson Maia, Katie Hayoz, und Monica Layton ... ohne euch hätte ich das nicht fertiggebracht.

Besonderer Dank gilt meinen Eltern, Chuck und Susan Delarue. Zwei der lustigsten Menschen, die ich kenne, ehrlich.

Danke auch an Dario Trinkler für die vielen Tipps und Quellen für meine Recherche. Mein Dank gilt auch Corina Cahenzli für die Rumantsch-Übersetzungen, und Aline Jakob und Fiona Rüegg für die Schweizerdeutsch-Übersetzungen.

Richard Harvell, danke, dass du daran geglaubt hast, dass ich dieses Buch wirklich zu Ende bringe, und dafür, dass du mir beistandest, während ich es tatsächlich zu Ende brachte. Dank und Respekt auch an Satu Binggeli und Melanie Beugger bei Bergli Books. Ohne euch hätten wir das nicht geschafft.

Und Michael Meister, vielen Dank, dass du mein Buch zum Leben erweckt hast.

–Laurie Theurer

Es war nicht immer einfach, all die ermordeten, misshandelten, und gefolterten Leute zu zeichnen, die in diesem Buch vorkommen. Offensichtlich war die Schweizer Geschichte nicht immer angenehm. Trotzdem, es gibt hier auch coole Dinge wie Demokratie und Schokolade. Ich hoffe, dass dieses Buch dir dabei hilft, die Schweizer Geschichte zu ertragen und unsere Zukunft besser zu machen.

–Michael Meister